Michel Jeury

Michel Jeury est né en Dordogne en 1934, de parents agriculteurs. Après avoir publié en 1958 un premier roman, *Le diable souriant,* il abandonne l'enseignement et se consacre à l'écriture. Le premier volume de sa trilogie paysanne intitulée *Le vrai goût de la vie* (1988-1993) reçoit le prix Terre de France/La Vie. Parmi les romans qu'il a publiés depuis, *L'Année du certif* (1995) a été adapté pour le petit écran.
Écrivain de métier, paysan de cœur, Michel Jeury partage son temps entre le Périgord et les Cévennes, où il est installé depuis 1987.

PETITE HISTOIRE DE L'ENSEIGNEMENT DE LA MORALE À L'ÉCOLE

DU MÊME AUTEUR
CHEZ POCKET

L'ANNÉE DU CERTIF
LA CHARRETTE AU CLAIR DE LUNE
LES GENS DU MONT PILAT
LES GRANDES FILLES
LE PRINTEMPS VIENDRA DU CIEL
LA SOIE ET LA MONTAGNE

MICHEL JEURY
JEAN-DANIEL BALTASSAT

PETITE HISTOIRE DE L'ENSEIGNEMENT DE LA MORALE À L'ÉCOLE

ROBERT LAFFONT

ISBN : 2-266-11942-7

Deux livres nous ont été particulièrement précieux.

Pour le rappel historique (politique de Jules Ferry), nous avons suivi l'analyse d'Antoine Prost, dans son *Histoire de l'enseignement en France, 1800-1967*, qui nous a paru spécialement pertinente (Librairie Armand Colin, 1968).

Pour l'« Affaire de l'institutrice de province », nous avons consulté et cité abondamment les documents réunis par Danielle Delhome, Nicole Gault et Josiane Gonthier, dans *Les Premières Institutrices laïques* (Mercure de France, 1980).

Merci à *Psychologies Magazine*, qui nous a permis de reproduire ici le sondage publié dans son numéro de mai 2000.

Avant-propos
Petits souvenirs d'auteurs

Nous étions en novembre et il neigeait. Je devais avoir cinq ans ou peut-être six. Ma mère racontait les aventures de Du Guesclin aux « grands ». Car ma mère était tout à la fois ma mère et l'institutrice.

Fille d'ouvriers agricoles qui se « louaient » au gré des saisons, elle représentait parfaitement celles et ceux à qui la République et l'école laïque permirent de changer de classe sociale et presque d'identité. Et, bien sûr, à cette école laïque qui lui avait tant donné, elle se sentait redevable plus qu'à elle-même. Devenue enfin « Madame l'institutrice », elle se devait d'être à son tour une militante zélée de cette révolution douce, sociale, civique et morale que représentait l'*éducation* par l'école...

Les crèches n'existant pas encore et les nounous étant réservées aux bourgeois, entre ma troisième et sixième année, elle dut me caser dans un coin durant les heures de classe. Elle m'installa à une table minuscule, sous le tableau noir, tout à côté de son bureau. Introduit ainsi dans l'univers des grands, ceux qui allaient au *certif*, une bonne demi-douzaine d'années avant l'heure, j'étais censé faire des dessins. Je laissais surtout traîner mes oreilles.

Pédagogiquement et psychologiquement, j'ai toujours douté de la valeur de l'expérience ! Mais elle m'a offert, à la découverte des choses du monde et des hommes, un émerveillement qui dure encore aujourd'hui.

Ainsi en cette journée neigeuse de 1954 ou 1955. Ma mère raconte aux grands comment Du Guesclin trompe les Anglais en déguisant sa troupe en paysans, cache ses armes dans des fagots et des charrettes de courges, emporte la ville, le château et l'honneur du roi de France...

Lorsqu'elle racontait, les mouches elles-mêmes se posaient au plafond. Mais, ensuite, venait la morale de l'histoire. Car l'Histoire des hommes, de son point de vue, n'avait existé que pour nous apprendre à vivre.

Donc ce jour-là, un grand s'exclama :

— Mais, m'dame, Du Guesclin, il faisait que tricher !

Et pour la première fois de ma vie, totalement ébaubi et la cervelle encore un peu menue pour ces grandes pensées, j'entendis qu'il fallait se méfier des apparences du bien et du mal.

Du Guesclin certes trichait. Et il était très mal de tricher, d'être menteur et dissimulé... Mais cela dépendait aussi des circonstances !

Si Du Guesclin tapait, cognait et massacrait les Anglais par la ruse, une noble raison transformait sa mauvaise action en une vraie bonne action ! Le bien et le mal n'étaient pas des apparences. Comme les additions et les soustractions, c'étaient des faits qui aboutissaient à des sommes appelées *douleur* ou *bonheur*.

Il ne fallait pas faire une action parce qu'elle avait l'apparence du bien. Il fallait l'accomplir pour qu'au bout du compte les hommes soient plus heureux, plus en paix et plus respectueux les uns et les autres. Aussi, le bien avait-il parfois besoin de recourir à la ruse pour être le plus fort. Mais l'on ne risquait guère de se tromper. Lorsqu'on fait le mal, on le sait toujours : la douleur est là pour nous le rappeler. Elle ne dissimule jamais.

Il me fallut bien des années pour comprendre que ce jour-là, une décennie après la fin de la Seconde Guerre mondiale et dans un village où les « gens de Vichy » avaient eu de solides soutiens, ma mère l'institutrice, en son temps accusée de trahison et de terrorisme, était en train de faire une leçon de civisme appliqué sur la Résistance, ses choix, ses valeurs et ses contradictions.

Jean-Daniel Baltassat.

Je venais d'être nommé instituteur remplaçant dans cette classe unique d'un village du Sud-Ouest, mon pays. C'était l'année du « Spoutnik »... cette chose qui nous traversait le ciel de printemps avec un éclat fascinant d'étoile pressée et dont nous pouvions entendre le « bip-bip » à la radio.

C'était aussi la troisième année de guerre en Algérie : un monde commençait sous les applaudissements de la foule ébahie ; un autre finissait dans le sang et le malheur.

Mes grands élèves avaient encore comme livre de lecture un ouvrage d'avant-guerre, *Le Livre unique de français,* par L. Dumas, que nous appelions « le vieux Dumas ». Je l'avais eu moi-même alors que j'étais élève de cours moyen, dix ans plus tôt. Bien sûr, je l'ai feuilleté avec émotion. Je retrouvais au fil des pages les illustrations désuètes et les textes qui m'avaient fait battre le cœur.

Le lendemain même de la rentrée, l'idée m'est venue d'en lire un passage afin de meubler le quart d'heure de morale qui m'embarrassait. Je choisis un extrait de *Grands Cœurs,* le célèbre roman scolaire d'Edmondo De Amicis dont l'épisode « Charbonnier et gentilhomme », plus que tout autre, m'avait bouleversé.

Dans ce roman, débordant de morale et de bons sentiments, De Amicis conte, à travers de nombreux tableaux, la vie d'une classe, en Italie, à la fin du XIXe siècle. Des millions d'écoliers ont aimé le bon instituteur M. Perboni, le généreux Garrone, le pauvre Betti, fils du charbonnier, et même l'orgueilleux fils de gentilhomme, Carlo Nobis !

Le chapitre que je choisis raconte précisément une querelle édifiante entre Carlo Nobis et Betti. Le fils du gentilhomme, qui se sent dans son tort et ne sait qu'inventer pour avoir le dernier mot, s'écrie : « Ton père n'est qu'un gueux ! » Betti ne répond pas mais répète l'insulte à son père. Le charbonnier, « un petit homme tout noir », vient tout droit s'en plaindre à l'instituteur Perboni. Le gentilhomme Nobis qui justement « aidait son fils à décrocher son pardessus de la porte », entend que l'on prononce son nom. L'instituteur lui explique l'humiliation subie par le fils et le père Betti...

M. Nobis questionne aussitôt son fils. Carlo ne peut qu'avouer sa faute. Alors, le gentilhomme Nobis exige que son fils demande pardon à Betti. Le charbonnier, secoué par tant de noblesse, veut s'interposer et déjà pardonner, mais Nobis père insiste. Carlo finit par prononcer une phrase que quantité d'anciens élèves pouvaient encore réciter par cœur un demi-siècle plus tard : « Je te demande pardon, Betti, du mot injurieux que j'ai prononcé contre ton père, auquel le mien est fier de serrer la main... »

Le charbonnier pousse alors son fils dans les bras de Carlo Nobis, la réconciliation est complète, et l'instituteur Perboni s'écrie à l'adresse de ses élèves : « Ce que vous venez de voir aujourd'hui est la plus belle leçon de l'année ! »

Lorsque j'avais douze ans, mes yeux s'embuaient presque à chaque fois que j'atteignais ce sublime mouvement de pardon.

Instituteur et ayant passé vingt ans, je tins bon jusqu'à la poignée de main entre les deux pères. Je franchis deux paragraphes de plus, la gorge un peu rauque, et finalement me mis à pleurer comme jadis, avec un peu de gêne et de maladroite dignité en plus...

Bien sûr, mes élèves me regardèrent avec étonnement. Un profond silence avait saisi la classe. Toutefois, à part les miennes, pas une larme ne coula. Pas un œil n'était brouillé et sans doute pas un cœur.

Mes élèves étaient les premiers fils et filles des temps très nouveaux, ceux qui allaient vite s'habituer au défilé des satellites par-dessus leur tête. Ceux qui allaient regarder « les bons sentiments » pour ce qu'ils sont : des émois et des bontés de fiction.

Pourtant, j'ai maintenant soixante-six ans ; je peux toujours pleurer en lisant « Charbonnier et gentilhomme ». Je viens de le vérifier.

Ce qui prouve peut-être que je ne suis pas entièrement mauvais.

Michel Jeury

Introduction

L'ambition de ce petit livre n'est pas d'être sérieux, mais de rappeler et faire sourire d'un passé que l'on a souvent tendance à idéaliser.

Les auteurs ne sont aucunement des « spécialistes » de l'enseignement de la morale — même si l'un de nous a été instituteur avant d'être romancier. D'ailleurs, on pourrait dire qu'au contraire, puisque romanciers, nous sommes très mal venus de gloser sur l'enseignement de la morale ! Comme chacun sait, le romanesque est bien trop enclin à évoquer les vies troubles, les désirs qui effacent la frontière entre le bien et le mal, à inventer et peut-être même à reproduire une réalité où les bonnes actions sont si peu récompensées...

Bref, seuls le plaisir et la malice nous poussent à cette petite revue de l'enseignement civique du siècle juste achevé, c'est-à-dire rien de bien moral !

Mais précisément, la rumeur enfle : « La morale fout le camp ! » En tous les cas, elle n'entre plus dans les jeunes têtes. La citoyenneté ne serait plus qu'un souvenir et le civisme une valeur en voie d'extinction ! Violence dans les classes, violence dans les rues, jeunesse sans respect et sans repères...

À dire vrai, l'antienne n'est pas neuve. Et même, depuis les « zazous » de Boris Vian, elle a beaucoup servi. Toutefois, ces dernières années, elle est entrée de tout son poids dans le cercle irritant des « problèmes de société ».

Selon les uns, c'est là le prix de la modernité. L'heure est venue d'une école capable de rompre en tout avec ses traditions moralisatrices et, surtout, sa fonction éducative, scorie d'une pédagogie révolue. Notre XXIe siècle a des obligations que l'air du temps ne saurait décevoir...

Pour d'autres, l'école publique d'aujourd'hui concentre les indigences morales de notre siècle naissant. Elle n'est plus que l'ombre d'elle-même et, dans le lâche abandon de ses devoirs historiques, c'est au dévouement des valeurs civiques ou citoyennes, à l'irrespect de l'autorité qu'elle livrerait nos progénitures.

Qui a raison, qui a tort ? Le vent varie et nous avec... Mais tous, déboussolés, nous pointons un doigt sévère en direction de l'école : en voilà une qui ne fait pas son travail !

Ne jouerait-on pas à se faire peur ?

La morale fout-elle le camp vraiment ? A-t-elle tout à fait déserté nos écoles et nos foyers ? L'individualisme a-t-il massacré en nous le citoyen ?

En vérité, un consensus au moins semble nous réunir, nous tous, depuis parents « concernés » jusqu'aux ministres décisionnaires. L'école publique se doit de remplir une fonction éminemment civique : former des citoyens. Car en république, la citoyenneté n'est pas ethnique mais politique. On devient citoyen, on s'y éduque et l'on éduque à le devenir. Ce bagage-là est de ceux que l'on acquiert comme le français et les tables de multiplication d'avant l'ère des calculettes.

Cette idée est belle comme une évidence. Elle ne dit rien d'autre qu'apprenons à vivre ensemble, de génération en génération, puisque c'est notre affaire d'être humains que d'avoir à se supporter, dans tous les sens du terme, les uns les autres.

Beau projet, mais dure réalité. Car qui éduque qui et comment ? Et éduquer à quoi au juste ? À quels comportements ? Avons-nous, aujourd'hui encore, des valeurs morales assez partagées pour en faire le socle d'une éducation civique « à l'usage de l'an 2000 » ?

C'est là où la nostalgie de « l'ancienne école » montre le bout de son nez. Elle, au moins, ne tergiversait pas entre l'éloge d'un libéralisme angélique et la critique aigrie d'un laxisme toujours menaçant ! La « Morale », elle savait ce que c'était. Elle ne connaissait point le doute face aux devoirs des citoyens. Comme on va le voir dans la suite de cet ouvrage, elle savait même en faire une science, deux ou trois heures par semaine et avec examens de contrôle !

Il est bien normal que nous soyons, de temps à autre, tentés de revenir à cet âge d'or du civisme. Cependant, outre qu'il n'est jamais aisé de faire balbutier l'Histoire, encore faudrait-il nous assurer qu'elle fut aussi belle qu'on se la raconte et qu'elle corresponde, au moins un peu, à notre réalité.

Il y a quinze ans, en 1985, à l'ère d'une gauche sûre d'elle-même et de ses rigueurs, J.-P. Chevènement, qui sans doute pressentait la menace sociale de ceux qu'il appela plus tard les « sauvageons », rétablit l'enseignement de « l'instruction civique et morale ». Plus exactement, il mit « l'éducation civique » au programme de l'école primaire et du collège, affirmant par là son ambition. L'École, comme au beau temps de la IIIe République, devait éduquer — voire contraindre — ses sujets à des comportements moraux et transmettre les valeurs qui les fondent.

Pour le ministre Chevènement, il semble bien que ces valeurs allaient de soi. On pouvait lire, dans les programmes proposés alors, cet acte de foi : « Éminemment morale, l'éducation civique développe l'honnêteté, le courage, le refus des racismes, l'amour de la République. »

Pour saisir toute la saveur de cette déclaration d'intention, il est bon de la mettre en regard d'une autre, plus vieille de sept décennies et deux Républiques. Celle-ci est d'un homme qui fut l'un des maîtres de la morale scolaire durant les premières années du xxe siècle, Jules Payot[1] : « La Morale étudie comment les hommes sont peu à peu sortis de la laideur, de l'ignorance, de la cruauté, de l'injustice, et pourquoi nous devons nous élever nous-mêmes pour nous affranchir de plus en plus de l'hérédité qui nous vient des barbares inhumains qui sont nos lointains parents. »

Une belle constance dans le programme et, pour J.-P. Chevènement, une admirable fidélité aux préceptes qui lui furent inculqués du temps de ses culottes courtes !

Reste à supposer que l'éducation civique d'aujourd'hui soit en état de revêtir sans embarras le costume héroïque de nos grands et arrière-grands-pères.

Quant à prouver, après un siècle de pratique, que l'amour de la République, voire même le simple respect de ses règles, porte à l'honnêteté et au refus des racismes... Nos belles Républiques, Troisième, Quatrième et Cinquième, ne semblent pas en avoir apporté la preuve. Si bien qu'à l'époque, l'accueil des enseignants aux objectifs du ministre « citoyen » ne fut guère enthousiaste. Ils se trouvèrent eux-mêmes peu formés, mal à l'aise, voire pas assez convaincus, pour transmettre ce nécessaire amour républicain de la morale.

Et, de fait, ils ne le firent que très peu ou pas du tout.

Aujourd'hui, en ce printemps de l'an 2000 où nous écrivons ces lignes, on peut lire cette expertise[2] d'une sociologue, Agnès Van Zanten, à l'occasion d'un sondage

---

1. *La Morale à l'école.* Armand Colin, 1925.

2. Cohérents avec eux-mêmes, avec la mauvaise foi ordinaire et nécessaire aux débats, les auteurs acceptent volontiers de se référer à des experts lorsque ceux-ci abondent dans leur sens...

de *Libération*-Louis-Harris : « Les professeurs n'ont plus une vision claire des finalités de l'enseignement. En corollaire, ils ne se sont pas saisis de l'éducation à la citoyenneté... »

À quoi elle ajoute, avec peut-être un zeste de perfidie, que les enseignants d'aujourd'hui éprouvent « une perte de foi des valeurs de démocratisation de l'école. Ils ne pensent plus que celle-ci puisse réduire les inégalités... »

Il est plaisant de voir là, assemblées, les contradictions dans lesquelles nous nous complaisons — tous, nous tous, les citoyens parents et non parents, et pas seulement les enseignants.

Nous sommes terriblement et délicieusement nostalgiques. Nous regrettons le passé. Mais nous n'en voulons plus. Nous regrettons l'ordre révolu, tout en sachant depuis longtemps qu'il nous serait insupportable. Nous avons le désir d'une foi républicaine, sans plus croire aux vertus de la République. En somme, nous avons peur comme des enfants pour la première fois assis sur une balançoire : nous ne savons plus qui, de nous ou de la planète, tangue le plus. Et nous découvrons qu'il ne suffit pas de crier fort et de fermer les yeux pour que tout soit comme avant !

D'ailleurs, la nostalgie de la Grande République, celle des premières heures, nous séduit tant que nous avons créé un rôle à sa mesure. Tantôt ministre de « l'Éducation », tantôt celui des Armées ou de l'Intérieur, mais toujours ministre de la République, de l'ordre et de la sévérité citoyenne, J.-P. Chevènement le remplit avec une époustouflante conviction.

Que voilà un formidable personnage de fiction ! Une figure, une force de sédimentation des contraires, une capacité d'attirance/répulsion comme peu d'auteurs savent en créer. Et pour cause : il a fallu tout un pays pour le bâtir.

Car on le sent bien : depuis vingt ans, nous l'avons modelé à petits coups de gueule — nous tous, la société française. Nous avons mis en lui nos regrets et nos mauvaises pensées réactionnaires. Nous lui accordons le verbe qui outrepasse en même temps que celui qui sanctionne, mais l'un et l'autre au profit d'une morale à laquelle nous n'osons plus croire ! Nous avons plaisir à sa désuétude sévère : elle nous laisse croire, de temps en temps, que tout pourrait être simple comme dans les livres d'école. Nous avons plaisir à nous fâcher du rôle que nous lui confions, de sa jouissance des valeurs rabougries, car il nous laisse croire que nous sommes capables d'en inventer d'autres pour nous-mêmes !

Bref, il est comme ces vieux parents que nous avons hâte de quitter après les fêtes de Noël, mais auxquels nous achetons, avec tendresse, des chocolats un peu mous dès le mois de novembre suivant.

Et c'est ainsi que nous nous retrouvons, quinze ans après l'échec des tentatives valeureuses de notre héros, au même point.

Il semble bien qu'à nouveau, face aux « sauvageons » et, surtout, aux injustices et douleurs morales tout à fait inacceptables de notre balançoire sociale, nous ne songions qu'à piocher dans le bon vieux sac de « l'éducation civique ».

Et pourquoi non ?

Certes, l'équation « éducation civique = paix sociale » n'est pas neuve. En 1833, Guizot, fondateur de l'école primaire publique, déclare que « l'instruction primaire universelle est désormais une garantie de l'ordre et de la stabilité sociale ».

Dans un congrès pédagogique fameux d'avril 1883, Jules Ferry déclare : « Il y a deux choses dans lesquelles l'État ne peut pas être indifférent, c'est la morale et la politique ; car en morale comme en politique, l'État est chez lui. C'est son domaine et par conséquent sa responsabilité. » À quoi il ajoute : « Vous avez le devoir de faire aimer la République et la première Révolution. »

Plus d'un siècle plus tard, René Rémond, dans une conférence prononcée au Sénat en janvier 1994[1], répond :

« L'école ne peut pas et n'a pas le droit d'enseigner autre chose que ce sur quoi il existe un consensus dans la société. Ce n'est pas à l'école qu'il faut reprocher de ne pas enseigner des valeurs, mais à la société qui ne lui désigne pas quelles valeurs il convient d'enseigner. »

Et c'est bien là où le bât nous blesse.

Après avoir mis en garde contre la tentation de la nostalgie et une trop grande fascination pour des « convictions qui ont eu leur grandeur mais qui sont aujourd'hui périmées, obsolètes, désuètes », René Rémond ajoute : « Il y a moins de trois ans, quelles ont été les instructions du ministère [de l'Éducation nationale] lorsque a éclaté la guerre du Golfe dont tout le monde parlait, matin et soir, en famille ? Ne pas en parler ! J'avoue avoir été personnellement scandalisé [...]. C'était renoncer à une mission de l'enseignement public... »

La mission de l'enseignement public...

Oui, qui osera douter que nos écoles, primaires et secondaires, publiques et laïques, sont là, *aussi*, pour une éducation civique, morale, voire même politique ? Que leur mission, c'est d'enseigner les savoirs du monde, de la vie, ceux qui permettent, comme disaient avec feu nos anciens, « d'atteindre et de préserver la dignité humaine » ? Cela passe par l'arithmétique, la physique aussi bien que par l'apprentissage de la musique et la lecture de journaux. Au fond, cela passe d'emblée, en toute chose, par une certaine idée que l'on se fait de l'homme et de son

1. R. Rémond, président de la Fondation nationale des sciences politiques. « Quelle école ? Pour quelle nation ? », Journées d'études d'*Éducation et Devenir* (8 janvier 1994).

humanité. Par ces valeurs de la vie qui engendrent la vie elle-même...

En ce cas, est-il si certain que nous « n'ayons plus de valeurs à défendre » comme tant se plaisent à le dire ?

N'est-ce pas plutôt que nous manquons un peu de fidélité envers elles ? Il semble que nous les empoignons d'une main ferme chaque matin où nous nous levons, mais qu'il nous arrive souvent de les malmener le reste de la journée.

Cependant, qui a fait mieux au cours de la longue histoire de l'humanité ?

Notre lot n'est-il pas de nous vouloir hommes de bien et d'avoir tant de mal à le devenir ?

Un récent sondage [1] jette une lumière crue sur nos incohérences. Au palmarès de nos valeurs prétendument perdues, la politesse (44 %) et l'honnêteté (42 %) viennent en tête. De plus, l'honnêteté arrive au premier rang de nos désirs et de nos propres recommandations morales. Mais, hélas, dans ce même sondage, nous estimons que la politesse n'est utile qu'à 20 % d'entre nous pour « bien vivre en commun » !

Quand à ces fameuses valeurs que nous essayons « de respecter dans notre vie courante », « les droits de l'homme » et « la réussite matérielle » ne représenteraient que respectivement 6 et 3 % de nos préoccupations morales...

C'est très mal, car on se fiche de ces droits des hommes qui sont l'essence même de notre histoire républicaine. C'est très hypocrite : qui peut croire à notre désintérêt des préoccupations matérielles ?

Mais après tout, puisque nous reconnaissons regretter bien fort la disparition de l'honnêteté (au cours de ces vingt dernières années !), nous serons à demi pardonnés...

---

1. *Psychologies Magazine* (n° 186, mai 2000). Voir les travaux reproduits en fin de volume, p. 185.

Nous l'avons dit d'entrée, la volonté de ce petit livre est de faire sourire car le débat est sérieux et qu'on ne saurait le recouvrir d'une réponse magique.

Sans aucun doute, nous ne sommes pas plus immoraux que nos prédécesseurs. Sans aucun doute éprouvons-nous, comme eux, la même difficulté à vivre ensemble. Et sans doute avons-nous déjà usé bien des valeurs, des espoirs, des morales et des bonnes idées, alors que notre relation au monde ne cesse d'être plus vaste et plus complexe...

Il n'empêche. Le passé fleure toujours bon le charme des œuvres accomplies. Qui de nous n'est pas tenté d'y jeter un œil, d'y puiser une bonne vieille recette ?

L'enseignement de la morale à l'école est un art difficile qui tourne parfois au grotesque. Il le fut toujours. Nous en avons simplement oublié les réalités pour n'en conserver que le goût. Mais il en va comme pour les trop vieilles confitures : elles sentent bon, elles furent cuisinées avec tendresse, pourtant, en y plongeant le doigt, derrière la gourmandise, la grimace peut venir...

L'homme de bien,
esclave énergique de sa conscience...

L'homme de bien, esclave énergique de sa conscience, marche inébranlable dans les routes qu'elle lui trace.

Manuel d'éducation morale, civique et sociale,
par E. Primaire, *op. cit.*

Enfant, la sainte loi, c'est la loi du devoir,
Que ta raison proclame et que ton cœur devine.
(F. Bataille.)

L'Éducation morale et civique à l'école,
par Brémond et Moustier, *op. cit.*

Nous avons des devoirs parce que nous ne ressemblons pas aux autres êtres : nous possédons la conscience, la raison, la liberté, c'est-à-dire une dignité personnelle qu'il est nécessaire de conserver, de défendre, de perfectionner.

L'Éducation morale et civique à l'école.
Cours moyen et supérieur,
par Brémond et Moustier.
Librairie Delalain, 1908-1929.

Nous portons avec nous l'arche sainte, nous serrons nos rangs autour d'un dépôt sacré. Quel dépôt ? La dignité de la conscience humaine ! (Élie Pécaut.)

Manuel d'éducation morale, civique et sociale.
Cours moyen et supérieur, par E. Primaire.
Bibliothèque d'éducation, Paris, 1911.

Maxime : La connaissance des devoirs est plus utile au bonheur que celle des droits.

L'École du bonheur. Enseignement ménager total,
par Mme Foulon-Lefranc et G. Laurent.
Éd. Magnard, vers 1920.

La raison, identique en chacun de nous, ne peut jamais recevoir de mauvais coups : c'est elle qui profite et qui a toujours profité de toutes les luttes d'idées, de sentiments et d'intérêts.

Ne pas croire à sa force et à son triomphe, c'est le véritable athéisme ; c'est l'incrédulité suprême ; c'est croire au néant, puisqu'en dehors de la raison il n'y a qu'aveuglement et incohérence.

La Morale à l'école, par Jules Payot.
Librairie Armand Colin, Paris, 1925 (11e édition).

Quels progrès nous réserve l'avenir si nous savons profiter des leçons reçues à l'école ! Elle sera belle la France de demain si chacun de ses enfants s'efforce de devenir un homme honnête et un citoyen intelligent.

L'Éducation morale et civique à l'école,
par Brémond et Moustier, *op. cit.*

C'est la rentrée des classes.

C'est le devoir sacré d'accourir à son rang,
Sitôt que le clairon lance le cri d'alarme,
Et, sans songer aux siens, de donner tout son sang
Pour qu'on puisse ajouter une ligne à l'histoire !

La Récitation à l'école primaire.
Cours moyen et supérieur, par Léon Peigné.
Librairie Gedalge. Vers 1900.

La morale.
Tu vaux à nos cités mieux que vingt citadelles.
Apprends-nous à lutter en affirmant tes droits,
Pour qu'un jour sans effort nos fils te soient fidèles.

L'Éducation morale et civique à l'école,
par Brémond et Moustier, *op. cit.*

Ton bon cœur a trouvé la définition de la morale : c'est la science des devoirs, autrement dit des obligations que se reconnaît à lui-même tout être intelligent et libre.

Nos causeries. Livre de lecture courante,
cours moyen et supérieur des écoles primaires ;
classes élémentaires et primaires des lycées
et collèges, par Mme J. Guiot et Fr. Mane.
Librairie classique Paul Delaplane, 1907.

Il n'y a pas de petits services rendus à l'humanité. La Hollande a élevé une statue au matelot qui lui enseigna à sécher le hareng.

L'Éducation morale et civique à l'école,
par Brémond et Moustier, *op. cit.*

L'humanité s'achemine, à travers mille obstacles et mille défaillances, vers un état moral plus parfait, où chacun sera mieux convaincu que tout homme a droit à la liberté et au respect, et où chacun aura davantage l'ambition de se conduire en homme.

Manuel d'éducation morale, civique et sociale,
par E. Primaire, *op. cit.*

Maxime : L'avenir des nations est dans les écoles.

Résumé d'instruction morale et civique,
par F. Lechantre.
Librairie A. Dégez, Douai, 1902.

Quand je vais voter, je suis très ému. Je consulte bien ma conscience.

La Première Année d'instruction morale et civique.
Notions de droit et d'économie politique,
par Pierre Laloi. Librairie classique
Armand Colin et Cie, 1885.

De plus en plus, à l'avenir, la morale s'appuiera sur la raison, l'amour du prochain, le respect de la dignité humaine.

L'Éducation morale et civique à l'école,
par Brémond et Moustier, *op. cit.*

L'étude de la psychologie révèle qu'aux facultés inférieures communes à la masse des êtres organisés s'ajoute, pour l'homme, celle de penser.

Pédagogie générale, par L. Augé. Bibliothèque
des écoles normales. Librairie Delagrave, 1934.

Pour édifier ta nouvelle maison,
Peuple, il faut que la claire et sereine Raison
Pénètre ton esprit, t'illumine et te guide,
Et que ta main soit ferme et ton regard lucide.
(Maurice Bouchor : La Muse et l'Ouvrier.)

L'Éducation morale et civique à l'école,
par Brémond et Moustier, *op. cit.*

L'homme est capable d'un progrès sans fin ; il a su créer la science, l'industrie, toutes les merveilles de la civilisation. Il a créé aussi des vertus, la justice, la concorde et l'amour.

Manuel d'éducation morale, civique et sociale,
par E. Primaire, *op. cit.*

Honneur à la République, qui a préparé une France forte pour la guerre, mais qui a su avant tout la faire grande et prospère par la paix !

L'Éducation morale et civique à l'école,
par Brémond et Moustier, *op. cit.*

Maxime : Il n'y a de citoyen que l'honnête homme.

Résumé d'instruction morale et civique,
par F. Lechantre, *op. cit.*

L'école est la caserne auguste où l'on entend
Retentir le Progrès, ce clairon éclatant !
L'âme des grands hommes l'habite.
Le cycle éblouissant que la Lyre a prédit
Naître d'elle, ô mortels ! Plus l'école grandit,
Plus la prison se fait petite ! (Clovis Hugues.)

L'Éducation morale et civique à l'école,
par Brémond et Moustier, *op. cit.*

Une classe est une armée en marche, l'écolier qui manque la classe est comme le soldat qui s'arrête. (Vessiot.)

L'Éducation morale et civique à l'école,
par Brémond et Moustier, *op. cit.*

Quelle leçon morale et sociale tirez-vous de ce mot de Guyau : J'ai deux mains, l'une pour serrer la main de ceux avec qui je marche dans la vie, l'autre pour relever ceux qui tombent.

Morale, instruction civique, travail.
Classe de 4e, par A. Souché. Nathan, 1948.

La République est la forme de gouvernement la plus belle, la plus juste et la meilleure. C'est le gouvernement des hommes libres, de ceux qui veulent et qui savent se gouverner eux-mêmes. (J. Steeg.)

Manuel d'éducation morale, civique et sociale,
par E. Primaire, *op. cit.*

Le sou des écoles.
Donnons pour que l'enfant soit d'aube environné !
Pour que le petit sou que nous avons donné
La France heureuse nous le rende !
Donnons, le ciel sera plus doux, les vieux partis

S'en iront dans la nuit profonde, et les petits
Feront la République grande !
(Clovis Hugues.)

L'Éducation morale et civique à l'école,
par Brémond et Moustier, *op. cit.*

Devoir : Citez des actions que l'homme accomplit et que les animaux sont incapables d'accomplir.

L'Éducation morale et civique à l'école,
par Brémond et Moustier, *op. cit.*

Enfant courageux, quand tu es tout entier à ton travail, ton effort n'est pas différent de celui d'un Montaigne, d'un Descartes, d'un Lavoisier, d'un Ampère. Quand tu fais effort de toute ton âme, tu fais exactement ce qu'ont fait les plus grands hommes pour devenir grands.

Morale, instruction civique, travail.
Classe de 5e, par A. Souché. Nathan, 1948.

Maximes : Tel écolier, tel homme.

La loi est la seule souveraine qui convienne à un pays libre.

Résumé d'instruction morale et civique,
par F. Lechantre, *op. cit.*

Pourquoi les citoyens sont-ils graves pour aller voter ? Montrer que le cantonnier est l'égal du riche, le jour du vote.

Pour devenir un homme. Livre de lecture courante,
par Ém. Aubriot. Librairie Garnier Frères, 1908.

En exerçant utilement leur droit de vote, les citoyens sont amenés à s'élever à un degré toujours plus élevé de lumière, de moralité et de bien-être.

La Lecture hebdomadaire. Cours moyen,
par J. Dutilleul et A. Ramé. Librairie classique
de F.-E. André-Guédon, 1902.

Devoirs civiques.

Vos papas ont choisi des hommes qui disent à tous les Français : cela est permis, cela est défendu ; si vous faites ce qui est défendu, vous serez punis.

L'Enseignement de la morale, par René Doquet.
Imprimerie-Librairie de l'Union républicaine,
Châlons-sur-Marne, 1947.

Pierre, en retournant chez lui, pensait : « Comme je suis content d'avoir bien travaillé et d'avoir obtenu le certificat d'études ! J'ai fait plaisir à mon père, à mon maître, aux examinateurs, à tout le monde ; puis j'ai rendu mon premier service à la République ! »

Les Récits de Pierre Laloi. Lecture courante,
morale, morale civique, par Ernest Lavisse.
Librairie Armand Colin, 1925.

La République a fait, dans l'espace d'une génération, ce que la monarchie et l'Église n'avaient pu faire en tant de siècles. Voilà le miracle de la raison et de la liberté. Aujourd'hui, c'est la République qui fait vivre l'école ; demain, l'école fera vivre la République. (F. Buisson.)

L'Éducation morale et civique à l'école,
par Brémond et Moustier, *op. cit.*

Nous devons payer nos contributions sans murmurer et ne pas nous plaindre si elles deviennent plus fortes chaque année. Autrefois, l'argent du peuple était follement gaspillé par le roi. Aujourd'hui, il sert à la République pour l'édification de toutes les œuvres de civilisation et de progrès.

L'Éducation morale et civique à l'école,
par Brémond et Moustier, *op. cit.*

Les Chambres, qui représentent le peuple, rechercheront ce qu'il est possible de faire pour lui, et les améliorations justes s'accompliront, mais pacifiquement. Dans une république, où tous contribuent à l'élection des députés, le peuple n'a pas le droit de s'insurger pour se faire rendre justice. Il doit se fier aux représentants qu'il a lui-même nommés. S'il avait recours à la force, il se révolterait contre lui-même et serait indigne de la liberté.

Histoire de France.
Cours moyen et certificat d'études,
par A. Aulard et A. Debidour.
Édouard Cornély et Cie, éditeurs.

Les finances sont les ressources en argent dont l'État a besoin pour payer les dépenses utiles au pays. Ces ressources sont surtout fournies par les impôts.

Maxime : Chaque citoyen a sa part du trésor public.

Résumé d'instruction morale et civique,
par F. Lechantre, *op. cit.*

Ces fils, s'ils travaillent comme lui, deviendront plus riches encore que leur père.

La Première Année d'instruction morale et civique,
par Pierre Laloi, *op. cit.*

Honte au méchant enfant qui gaspille les sous
Du peuple et de la République !

Devoir : Comment le mauvais écolier gaspille-t-il les sous du peuple et de la République ? Que doit-il faire ?

L'Éducation morale et civique à l'école,
par Brémond et Moustier, *op. cit.*

Question :

Suffit-il de bien réciter les leçons de morale pour être honnête ?

L'Éducation morale et civique à l'école,
par Brémond et Moustier, *op. cit.*

Maxime : Il faut que force reste à la loi.

Résumé d'instruction morale et civique,
par F. Lechantre, *op. cit.*

Que la sainte justice
ordonne la cité ;
que partout retentisse
Un chant de liberté !

Tombez, dernières chaînes,
Vous tous, levez le front ;
À l'ombre des grands chênes
Les peuples danseront. (Maurice Bouchor.)

Jean Lavenir. Livre de lectures courantes,
cours moyen et supérieur, par Édouard Petit
et Georges Lamy. Librairie d'Éducation nationale,
publications Alcide Picard, 1906.

Gardons bien la mémoire
Des Celtes nos aïeux
Qui, dans les jours de gloire,
Savaient mourir joyeux !
(Maurice Bouchor.)

L'Éducation morale et civique à l'école,
par Brémond et Moustier, *op. cit.*

Allons, Robert, le monde marche. Nous ne sommes pas à plaindre : il fait meilleur vivre maintenant qu'il y a cent ans. M'est avis que nous verrons de belles choses.

Jean Lavenir. Livre de lectures courantes,
cours moyen et supérieur, *op. cit.*

Plus vite ! toujours plus vite ! Un bruit de moteurs enveloppera bientôt toute la terre... Où le génie de l'homme s'arrêtera-t-il ?

Vocabulaire et méthode d'orthographe.
Composition française. Cours moyen,
certificat d'études, par Gabet et Gillard.
Librairie Hachette, Paris, 1931.

CHAPITRE I

La IIIe République et les nécessités d'un combat

« Sur notre globe il existe trois classes d'êtres : les hommes, les animaux et les choses inanimées [...]. Parmi tous ces êtres, l'homme a une valeur incomparable [...]. C'est que l'homme seul a la raison et la liberté, seul il connaît la vérité, seul il distingue le bien du mal, seul il a des devoirs, en un mot, seul il est une personne morale. Cette supériorité de l'homme sur la nature s'appelle la dignité humaine. »

(Cahier d'écolier, 1906,
cité par J. Baubérot
in La Morale laïque contre l'ordre moral.)

1. L'histoire d'un conflit

Vers une morale qui se tiendrait debout sans dieux ni au-delà

On l'oublie souvent aujourd'hui, mais notre fameuse école de Jules Ferry est née d'une guerre. Doublement même : la défaite du second Empire de Napoléon III face à la Prusse et la guerre entre catholiques et républicains, sourde lutte d'influence politique autant que morale qui dura tout le XIXᵉ siècle et encore au-delà.

Cette atmosphère belliqueuse entre la République et l'Église vit un pic lorsqu'en 1864 le pape Pie IX condamne toute conciliation entre le catholicisme et le siècle. L'affirmation du principe laïque : « Tout homme est libre d'embrasser et de professer la religion qu'à la lumière de la raison il aura jugée vraie » est déclarée hérétique.

En réponse, la charge anticléricale sera tout aussi violente. Elle parsème avec fureur les vingt mille pages du *Grand Dictionnaire universel* de Pierre Larousse : « La foi exclut toute idée de tolérance » et le christianisme s'avère être la religion « la plus intolérante, l'islamisme a versé moins de sang... ».

Dans ce vieux combat, le second Empire de Napoléon III est comme un temps de macération, tout à la fois hypocrite et permissif. L'Empire penche vers l'Église par besoin naturel, si l'on peut dire. Il s'appuie sur toutes les strates des pouvoirs traditionnels, sur la morale réactionnaire, et nécessairement sur l'Église qui fait le ciment de la bourgeoisie régnante. Aujourd'hui, on appellerait cela son « noyau dur ». Mais, en même temps, ce second Empire est le nouveau royaume du « Progrès » et de la « Modernité » ici compris comme « l'Industrie et le Commerce ». Autrement dit, cet Empire-là possède un pied dans l'ordre moral et l'autre dans la grande permissivité des jungles commerciales.

La défaite de 1871 face à la Prusse balaie un système trop branlant, mais elle déchaîne toutes les rancœurs accumulées entre les « deux France », celle qui va avec Dieu et celle qui veut l'oublier.

Ce sera la Commune, avec son intransigeant besoin de pureté et de solidarité sociale, son refus de toute autre religion que celle de « Ici et maintenant ». La réplique réactionnaire des « nantis » et du pouvoir catholique sera si terrible qu'elle marquera les esprits pendant presque un siècle. Sur les barricades de 1968, à l'enterrement de Pierre Overney en 1970, « tué par la police et les "nervis" du pouvoir », on chantera encore le sang, et les espoirs héroïques des communards.

La fin du XIXe siècle, elle, est tout entière occupée par cette guerre morale et politique qui concentre les oppositions. La raideur de la Troisième République en est la résultante.

Lors d'un banquet républicain, donné dans l'Yonne, en 1879, le physiologiste, rapporteur d'une commission à la Chambre et futur ministre, Paul Bert, prononce un discours resté célèbre : « Il est deux fléaux, le phylloxéra qui se cache sous la vigne et l'autre [...], le phylloxéra que *l'on* cache avec des feuilles de vignes ! Pour le premier, nous avons le sulfure de carbone ; pour le second l'article 7 ! »

Et en 1880, l'article 7 de la Constitution [1], qui interdisait aux congrégations religieuses « non autorisées » d'enseigner, permit effectivement d'expulser les jésuites hors de France.

« Vois donc les belles paroles éminemment républicaines qui sont inscrites en lettres d'or sur le fronton de notre édifice municipal. »

1. En fait, refusé par le Sénat, l'article 7 se transforma en décret...

Jules Ferry est l'un des artisans de ce fameux article 7. L'Église le traite d'Antéchrist, et lui-même, un sourire aux lèvres, se désigne comme « un damné authentique ». Mais le but de Ferry n'est pas d'entretenir la guerre des deux France. C'est au contraire de les unir dans un même lien moral, d'une morale « absolument indépendante de la loi religieuse », une morale qui se tiendrait debout toute seule, sans dieux ni au-delà. Et dont le sacerdoce s'exercerait dans ces temples de la République : les écoles communales et collèges nationaux.

L'institution scolaire s'est édifiée tout au long du siècle, poussée par une évolution sociale constante. Et les républicains ont conçu et soutenu la politique qui répondait à cette revendication du peuple.

Le peuple croyait au progrès par les lumières dont l'instruction pour tous serait la voie et l'accomplissement. À cet idéal collectif on ne peut comparer aujourd'hui que l'exigence de démocratie.

Jules Ferry (1832-1893) devint ministre de l'Instruction publique après la démission de Mac-Mahon, en février 1879. Il occupa ce ministère durant trois périodes : février 1879-novembre 1881, janvier-août 1882, février-novembre 1883 ; et il fut deux fois président du Conseil : septembre 1880-novembre 1881, février 1883-mars 1885. On peut dire qu'il resta au pouvoir pendant six années, du début de 1879 au début de 1885.

C'est dans ces deux fonctions, parfois jumelées, qu'il fit adopter les lois fondamentales de l'enseignement public.

« L'école apportait un remède à l'injustice sociale comme à l'immoralité ou à la délinquance. (...) On ne doutait pas que ce qui était écrit dans les livres fût vrai et utile ; l'accès à l'instruction était donc, de toute façon, la promesse d'une vie meilleure. » (Antoine Prost, *L'Histoire de l'enseignement en France*, Armand Colin, 1968.)

Au gouvernement, les républicains sont loin d'être unanimes dans leurs projets et leurs méthodes. La commission nommée par la Chambre de 1877 et son rapporteur Paul Bert souhaitaient une loi d'ensemble sur l'école. Jules Ferry choisira d'avancer à petits pas, de façon empirique, en traitant les uns après les autres les divers points de son projet.

Ce sera d'abord, dans l'enseignement secondaire, la grande réforme des programmes de 1880, puis la fondation des externats de jeunes filles (loi du 21 décembre 1880). Dans l'enseignement primaire, dirigé par le compère de Ferry, Ferdinand Buisson, la loi du 9 août 1879 crée les écoles normales supérieures de Fontenay et Saint-Cloud, ainsi qu'une école normale de jeunes filles dans chaque département.

En parallèle, une nouvelle organisation pédagogique et de nouveaux programmes sont établis, et la mise en chantier de nouvelles écoles encouragée et facilitée.

Sous la présidence de Jules Grévy, la constitution d'un service public de l'enseignement est le principal objet de débat au gouvernement et aux Chambres — et non le progrès de l'instruction, refusé seulement par de rares extrémistes. Les républicains réaliseront leur projet grâce à trois mesures essentielles : la gratuité (loi du 16 juin 1881), l'obligation scolaire et son corollaire la laïcité des programmes (loi du 28 mars 1882). La laïcité se traduit en fait par la suppression du catéchisme et l'interdiction des locaux scolaires aux ministres des cultes. La laïcité des personnels suivra en 1886.

Les défenseurs de l'enseignement public s'appuient sur trois idées : l'égalité entre tous les enfants, leur droit à l'instruction, et le devoir de l'État de répondre à ce droit, qui fondent l'obligation, la gratuité et la laïcité. Les conservateurs refusent tout, même la gratuité. Pour eux, l'éducation peut être un devoir moral, en aucun cas une obligation juridique. De plus, les écoles libres redoutent la concurrence de la part d'écoles publiques devenues gratuites... Mais, derrière la gratuité et l'obligation, c'est la laïcité qui fait peur à l'opinion catholique.

Cette laïcité, les républicains ne la justifient pas tant par le respect de la liberté de conscience des enfants que par celle du maître bafouée dès lors qu'il doit instruire les élèves dans une religion à laquelle il ne croit pas.

Un principe s'affirme tout de suite : l'instruction publique sera sécularisée comme l'État et ses services. Mais les catholiques refusent totalement cette sécularisation. « Fidèle à la doctrine du *Syllabus*, l'épiscopat nommé par Pie IX est intransigeant, écrit Antoine Prost. Et le clergé enfermé dans la condamnation du siècle [...] pas plus que les fidèles encadrés par des notables légitimistes ne sont disposés à une conciliation. »

Honnie par les catholiques, la sécularisation se fera donc contre eux.

2. La volonté morale

La vraie morale, la grande morale, la morale éternelle...

« Les catholiques, souligne Antoine Prost, nient qu'on puisse concevoir une morale indépendante de la religion. Certains le font de manière catégorique : "sans la religion, l'immoralité sévit" ; d'autres avec plus de nuances. [...] Les républicains soutiennent au contraire la possibilité, mieux, la réalité d'une morale autonome. L'unanimité, cependant, ne règne pas entre eux quand il s'agit de la définir. [...] Jules Ferry se fait une conception positiviste de la morale : "La morale est un fait social qui porte en lui-même son commencement et sa fin". » (A. Prost, *L'Histoire de l'enseignement*, *op. cit.*, p. 195)

Le conflit entre républicains et catholiques ne s'arrête pas là. Les premiers admettent mal qu'une partie de la jeunesse soit élevée par les religieux dans la condamnation des principes de 1789 (qui sont, pour certains évêques, la négation du péché originel, pas moins !). Or la République, encore assiégée, attaquée de toutes parts, ne peut fonder l'unité nationale que sur l'acceptation de ces principes.

Aucune conciliation ne paraît alors possible entre une Église conservatrice et la République, héritière de la Révolution.

Avec la sécularisation de l'école et de la morale, Jules Ferry veut ancrer l'unité nationale sur des bases spirituelles positives et sûres. Il déclare au Sénat, le 2 juillet 1881 : « La vraie morale, la grande morale, la morale éternelle, c'est la morale sans épithète. La morale est plus grande quand on ne la définit pas, elle est plus grande sans épithète. »

La morale à l'école, le patriotisme aux champs et dans la rue, sont pour lui les piliers indissociables d'une nécessaire unité. Mais il ne convainc pas tous les républicains, dont certains opposent de façon irréductible la morale chrétienne et la morale laïque.

Jules Ferry, Paul Bert et beaucoup de leurs compagnons distinguent avec force la lutte antireligieuse de la lutte anticléricale. Mais ils ne partagent pas pour autant des convictions identiques. Pour l'ancien avocat Jules Ferry et pour nombre de juristes, cette distinction traduit la coupure, fondamentale, du domaine public, où la loi est souveraine, et du domaine privé des consciences, qu'elle n'a pas à connaître. Pour les protestants libéraux, comme Buisson et Pécaut, elle indique plutôt l'opposition entre des institutions ecclésiastiques, engagées dans la société, et la religion intérieure, qui est un élan de l'esprit ou du cœur.

Les radicaux — la gauche de Jules Ferry — ne s'embarrassent guère de ces précautions, car ils ne voient pas comment le catholicisme pourrait survivre tout en renonçant à sa volonté hégémonique et à ses moyens de domination.

Quant aux catholiques, ils se sentent visés, de toute façon. Ce que leurs adversaires appellent avec mépris le « cléricalisme », ce n'est que leur façon de vivre la religion, et ils craignent qu'on les prive d'un droit essentiel. Là encore, aucun compromis ne semble possible.

Enfin, les conservateurs accusent les républicains de déloyauté et d'hypocrisie quand ils affectent de s'en prendre au cléricalisme pour dissimuler leur but secret, qui est bien, à terme, de détruire la religion.

Jules Ferry n'est pas un radical. Il ne souhaite pas détruire le catholicisme, mais il compte bien le voir s'étioler et disparaître avec le temps. Il juge inutile de transformer l'école en machine de guerre contre la religion : les progrès de l'instruction agiront plus sûrement que la propagande, la religion dépérira d'elle-même. Et il réserve l'avenir en ne bornant pas par avance le progrès de la liberté.

Les radicaux, eux, ont hâte d'abattre le principal obstacle qui se dresse devant le progrès tant désiré. Ils veulent forcer le déclin de la religion, que Jules Ferry préfère abandonner à son sort.

Ils sont prêts à s'engager tout de suite dans une lutte à mort. Jules Ferry s'y refuse, par crainte de diviser la nation, ce qui pourrait être fatal à la République. Il est pourtant obligé de compter avec eux, d'autant que ses alliés du centre, comme Jules Simon, sont peu sûrs. En quelques occasions, la gauche radicale et « gambettiste » pèsera de façon décisive sur les choix du gouvernement.

Ce qui nous étonne aujourd'hui, c'est une tendance commune aux deux camps à surestimer l'influence de l'école sur les enfants. Eh non, l'école laïque ne va pas déchristianiser la France, qu'on le souhaite ou pas !

Jules Ferry a la sagesse et l'habileté de transporter le débat du domaine des idées à celui des réalisations concrètes. Il n'hésite pas à louvoyer, ce qui est parfois la seule façon d'avancer. Ainsi l'« affaire des manuels ».

Les catholiques accusaient certains manuels d'instruction civique d'attaquer la religion : en fait, les auteurs se contentaient d'insister sur la liberté de conscience et de culte. Quatre livres sont mis à l'index, le plus connu est signé de Paul Bert. Des incidents se produisent ici et là, quelques-uns assez graves. Jules Ferry, toujours déterminé à ménager les susceptibilités religieuses, réagit prudemment : s'il refuse d'interdire les manuels (ce serait rendre à l'Église d'une main ce qu'on lui a pris de l'autre), il ne réclame pas de sanctions contre les perturbateurs.

Il doit maintenant convaincre les exécutants, c'est-à-dire les instituteurs, d'accepter sa modération et d'accorder aux catholiques de justes égards. Il adresse donc à ses fidèles troupes la fameuse circulaire du 27 novembre 1883, qui apparaît comme un geste d'apaisement, après la querelle des manuels. Dans une formule qui est restée et nous touche encore, il y exprime ce qu'on peut considérer comme le fond de sa pensée : « Demandez-vous si un père de famille, je dis un seul, présent à votre classe et vous écoutant, pourrait de bonne foi refuser son assentiment à ce qu'il vous entendrait dire. Si oui, abstenez-vous de le dire ; sinon, parlez hardiment. »

Cette règle devint un texte fondamental de la neutralité scolaire, la véritable laïcité.

On ne s'étonnera pas de trouver dans la plupart des livres de morale et d'instruction civique, pendant de longues années encore, la marque des perplexités, fluctuations, atermoiements, louvoiements et scrupules du bâtisseur de l'école publique.

CHAPITRE II

Les Lumières et la Révolution

Ôtez ces devoirs, un peuple est sauvage...

Avec Kant, le Très-haut, et Rousseau, le grand Vicaire, on trouve au premier rang des inspirateurs de la morale civique Rabaut Saint-Étienne et Condorcet.

Pasteur à Nîmes, député du tiers état en 1789, réélu à la Convention, Jean-Paul Rabaut Saint-Étienne (1743-1793) se rallia aux girondins, fut proscrit et condamné avec eux.

Il publia peu avant sa mort, dans le périodique *La Feuille villageoise*, une « Table des devoirs » symétrique de la Table des droits (d'après *La République et l'École*, anthologie de Charles Coutel, *op. cit.*)

Table des devoirs de l'homme et du citoyen, par Rabaut Saint-Étienne.

Les hommes sont liés par des devoirs mutuels.

Ces devoirs inviolables sont la subordination, la bienveillance, la justice et l'obéissance aux lois.

La subordination est le respect, la docilité due par les enfants à leurs parents, par les disciples à leurs maîtres, et par les inférieurs à leurs chefs.

La bienveillance consiste dans les égards, les soins, les secours que nous nous devons les uns aux autres, dans toutes les situations pénibles de la vie.

La justice oblige à garder les promesses, à respecter les propriétés, à être reconnaissant des services reçus, et prompt à les rendre au besoin.

L'obéissance aux lois renferme l'observation des règlements, la fidélité aux magistrats, l'union des citoyens pour repousser toute révolte.

L'insurrection n'est permise que dans les cas extrêmes, et après les remontrances légales.

Tout perturbateur de l'ordre public mérite non seulement d'être arrêté, d'être puni, mais encore d'être exécré.

La nation seule ou ses représentants, librement élus, peuvent toucher à l'ordre établi et au gouvernement.

La loi, faite par le corps législatif et sanctionnée par le monarque, est une sorte de religion, qui doit lier tous les cœurs et tous les bras ; et le nom seul de la loi doit tenir lieu de fusils et de baïonnettes.

ÔTEZ CES DEVOIRS, UN PEUPLE EST SAUVAGE.

Cette « table » était-elle connue au temps de Jules Ferry ? Elle devait l'être, en tout cas, des protestants qui entouraient le ministre. Dans sa naïveté, son ingénuité, elle semble bien l'un des textes fondateurs de la morale laïque.

Quelques-uns des « devoirs » de Rabaut ont bien été perdus de vue. Le peuple est-il devenu « sauvage » ? Une chose est sûre, il s'est mis à produire les fameux « sauvageons » !

Comme Rabaut Saint-Étienne, né la même année, Condorcet (1743-1794) fut victime de la Terreur. Philosophe, mathématicien et homme politique, il fut sans doute le dernier des encyclopédistes et, certainement, un des penseurs les plus avancés de son époque. Député à la Législative, il proposa en 1791 son célèbre *Mémoire sur l'instruction publique* : les bâtisseurs de l'école républicaine devaient s'en inspirer plus ou moins adroitement au siècle suivant.

Jules Ferry s'y réfère lui-même dans un « discours sur l'égalité d'éducation » : « J'avoue que je suis resté confondu quand, cherchant à vous apporter ici autre chose que mes propres pensées, j'ai rencontré dans Condorcet ce plan magnifique et trop peu connu d'éducation républicaine. Je vais tâcher de vous en décrire les traits principaux : c'est bien, à mon avis, le système d'éducation normal, logique, nécessaire, celui autour duquel nous tournerons peut-être longtemps encore, et que nous finirons, un jour ou l'autre, par nous approprier » (cité par Charles Coutel, p. 104).

Toutefois, les pédagogues du XIXe siècle vont critiquer vivement les idées féministes de Condorcet, comme Gabriel Compayré (personnage assez sinistre, au demeurant), dans son *Histoire de la pédagogie* : « [Condorcet] est évidemment dans l'erreur quand il rêve l'identité parfaite de l'instruction des deux sexes, quand il oublie la destination particulière des femmes et le caractère spécial de leur éducation » (cité par Charles Coutel).

Extrait du premier *Mémoire sur l'instruction publique* de Condorcet

Que le peuple sache distinguer la voix de la raison de celle de la corruption, et bientôt il verra tomber à ses pieds les chaînes d'or qu'elle lui avait préparées ; autrement lui-même y présentera ses mains égarées et offrira, d'une voix soumise, de quoi payer les séducteurs qui les livrent à ses tyrans.

C'est en répandant les lumières que, réduisant la corruption à une honteuse impuissance, vous ferez naître ces vertus publiques qui seules peuvent affermir et honorer le règne éternel d'une paisible liberté.

[...] Aujourd'hui qu'il est reconnu que la vérité seule peut être la base d'une prospérité durable, et que les lumières croissant sans cesse ne permettent plus à l'erreur de se flatter d'un empire éternel, le but de l'éducation ne peut plus être de consacrer les opinions établies, mais, au contraire, de les soumettre à l'examen libre de générations successives, toujours de plus en plus éclairées.

Examinant ce mémoire, Élisabeth et Robert Badinter écrivent, deux siècles plus tard : « L'Instruction publique doit être l'instrument privilégié de la libération de l'esprit humain. Or le risque est toujours grand qu'elle devienne au contraire le moyen privilégié, pour un pouvoir, d'asservir la pensée. Dès lors, il ne saurait y avoir d'éducation publique que libre, protégée contre tout dogmatisme, et ouverte à la raison critique. L'Instruction publique ne sera donc asservie à aucune doctrine politique : c'est le principe de neutralité de l'école. Elle ne sera assujettie à aucune autorité religieuse : c'est le principe de la laïcité de l'école[1]. »

La morale laïque de la IIIe République est sans aucun doute la petite-fille de la philosophie des Lumières, et Condorcet son premier fondateur.

Condorcet mort dans sa cellule, Rabaut Saint-Étienne guillotiné : deux précurseurs qui ont éprouvé que la Raison, quand elle a perdu la raison, est pire que la folie.

1. Élisabeth Badinter, Robert Badinter, *Condorcet.* Fayard, 1988.

CHAPITRE III

Le temps des certitudes

Enfant, la sainte loi, c'est la loi du devoir

La garde rapprochée de Jules Ferry, en majorité protestante, veille donc sur la piétaille valeureuse et enflammée des « hussards noirs ».

Quand on cherche à reconnaître les bases de l'enseignement moral sous la IIIe République, on trouve en bonne place les trois futures mamelles de Vichy : travail, famille, patrie. Au début, cette morale se distingue assez peu, il est vrai, de celle que dispensait l'école sous la monarchie de Juillet ou le second Empire — ce qui n'est ni surprenant ni choquant. On a d'abord ajouté les cris d'extase sur la République, la liberté, l'égalité, etc. Puis on a poussé Dieu sur le bas-côté et tâché de remplacer la religion avec les moyens du bord.

Jules Ferry note dans sa fameuse *Lettre aux instituteurs*, de novembre 1883 : « J'entends par là cette bonne et antique morale que nous avons reçue de nos pères et que nous nous honorons tous de suivre dans les relations de la vie sans nous mettre en peine d'en discuter les bases philosophiques. » Dans ce bon sens terre à terre, généralement décoré du nom de « positivisme », beaucoup d'instituteurs ont dû ressentir un certain mépris. Il faut reconnaître que le grand Jules traitait parfois son école comme la plus noble colonie de la République. On demande aux enfants du peuple de marcher droit, de faire de bons paysans, des ouvriers travailleurs et soumis, des soldats disciplinés, des citoyens paisibles. On ne leur demande pas de comprendre.

En fait, la « bonne morale reçue de nos pères » a une base philosophique simple et claire : la religion chrétienne. C'est la morale des commandements de Dieu. Les instituteurs et les auteurs de manuels le savent bien, si leur chef l'a oublié.

Les protestants vont jouer dans la fondation de la laïcité un rôle important, que l'historien et sociologue Jean Baubérot souligne dans ses livres[1]. Les ministres protestants étaient majoritaires dans le gouvernement républicain de 1879 ; et, surtout, Jules Ferry va s'entourer de protestants libéraux, comme Ferdinand Buisson, directeur de l'enseignement primaire, l'ancien pasteur Jules Steeg, à qui l'on doit une profession de foi exaltée : « Nous obéissons au devoir parce que, en ne le suivant pas, nous ne sommes plus des hommes. » Un autre ancien pasteur, Félix Pécaut, et une fille de pasteur, Mme Jules Favre, encadrent l'enseignement des jeunes filles aux écoles normales supérieures de Fontenay et de Sèvres, et contribuent à définir la doctrine morale de l'école primaire.

La morale laïque va être, du moins à ses débuts, une morale de la raison, dont tout émane et découle : on a dit souvent une morale kantienne. Jusqu'en 1914, elle est généralement définie comme « science des devoirs ». Elle a ainsi une double source dans la raison : raison pratique, en tant qu'exigence de conduite ; raison théorique, en tant que « science ». Les manuels des élèves aussi bien que les livres des maîtres l'affirment haut et fort. On n'est pas très loin du culte révolutionnaire (aboli par Robespierre en 1794). Selon Luc Ferry[2] (pas Jules !), « la morale kantienne et

1. *Le protestantisme doit-il mourir ?* Seuil, 1988 ; *La Morale laïque contre l'ordre moral.* Seuil, 1990.

2. *La Sagesse des modernes,* avec A. Comte-Sponville. Robert Laffont, 1998.

l'idéologie républicaine, c'est la même chose ». Entre cent et mille exemples, Jules Payot développe, dans *La Morale à l'école* (ouvrage de base, constamment réédité entre 1900 et 1930), que nous avons en nous deux natures : l'une bestiale, gourmande, sale, paresseuse et violente ; l'autre *raisonnable*, qui nous veut sobres, énergiques et bons.

Pour Brémond et Moustier [1], la vertu est une habitude de vivre selon la raison, et celle-ci étant l'essence et l'essentiel de l'homme, la vertu devient le plus grand bien en lui.

> Enfant, la sainte loi, c'est la loi du devoir,
> Que ta raison proclame et que ton cœur devine.
> (F. Bataille.)

Dans son *Livre du maître pour l'éducation et l'instruction civique*, André Maillet oppose la Brute à la Raison, en nous et dans l'humanité. Il ajoute, assez drôlement, que la « raison de l'humanité » a enfin trouvé sa parfaite incarnation dans la « Société des nations ».

E. Primaire, auteur d'un fameux *Manuel d'éducation morale, civique et sociale* (vers 1910), insiste sur les différences entre l'homme et l'animal : le premier a seul la pensée ; il est le seul à progresser, car il est doué de raison, et donc capable de comprendre toutes choses. Par sa raison et son aspiration au bien, l'homme s'élève au-dessus des animaux et acquiert la dignité de la personne. Il est clair que l'aspiration au bien est une propriété métaphysique.

---

1. *L'Éducation morale et civique à l'école*, par Brémond et Moustier, *op. cit.*

E. Primaire formule encore, à la première personne : « Je suis doué de raison, je puis ainsi maîtriser mes penchants et me gouverner ; je suis donc capable de moralité et cela fait de moi un homme. » Il conclut que l'homme s'élève au-dessus de l'animalité par la pensée *et* la raison — qui seraient donc des facultés distinctes.

En discussion avec sa conscience, Madeleine, devant son problème, songeait un peu aux pauvres ouvriers sans travail et beaucoup à l'effet que produirait sa pièce de cinq francs.

Et il demande : « Où serait notre grandeur si, malgré notre raison, nous nous rendions semblables aux bêtes ? » On soupçonne ici un certain défaut d'articulation dans l'analyse... Plus loin, l'auteur nous dit que l'homme « de caractère » consulte et écoute sa raison *et* sa conscience. La raison est première et la seconde en procède.

Dans *La Pédagogie vécue* (Nathan, 1936), Ch. Charrier nous donne une confirmation théorique : « La morale que nous enseignons n'est pas une morale révélée ; elle est une morale basée essentiellement sur la raison » (p. 176). L'auteur expose ensuite que le fonds de la conscience morale, c'est la raison appliquée au discernement du bien. Ch. Charrier affirme aussi que le devoir a le caractère d'un « impératif catégorique » ; c'est un pléonasme philosophique bien connu. Et cet impératif, s'il ne vient de la loi divine, ne peut qu'être fils de la raison.

G. Séailles, cité par C. Savard (*Pages choisies de pédagogie contemporaine,* Delagrave, 1935), assure que les maximes et préceptes moraux ne représentent qu'un moment dans « le progrès indéfini de la raison en quête de vérité ». Et dans les mêmes *Pages,* Alain conclut un article sur « le plaisir par l'effort » : « Si l'on apprenait à penser comme on apprend à souder, nous connaîtrions le peuple roi. » Qu'est-ce qu'apprendre à penser, sinon apprendre à utiliser sa raison ?

L. Augé introduit sa *Pédagogie générale* (Delagrave, 1934) sur la notion de raison. En sus de la sensibilité, nous dit-il, l'homme fait preuve de raison : raison et liberté sont les caractéristiques de sa nature. On est encore ici, au milieu des années 1930, dans le droit fil de la pensée laïque.

La Raison, majuscule, a pris la place de Dieu ; tout procède, désormais, d'Elle, comme tout procédait du Seigneur dans la morale religieuse. Elle a donc comblé utilement, efficacement, un vide insupportable.

Elle a aussi un outil, la volonté. La volonté, qui commande l'effort, permet d'accomplir le devoir et d'accéder à la vertu.

Morale de la raison — même si quelques doctrinaires de l'école républicaine appelaient raison leur fanatisme —, de la volonté, de l'effort, du devoir. Nous ne sommes plus très loin des vertus chrétiennes. La religion offrait la grâce et la prière pour huiler ces durs rouages. À la place, la morale laïque propose la « bonne volonté », vague disposition au bien, et la foi en la République, qui nous semblent tout aussi aléatoires.

Pour les deux morales, le travail, la famille et la patrie, sont les « champs » où s'exercent le devoir et la vertu. La pensée laïque insiste plus sur l'école : c'est son apport spécifique.

Ces champs sont naturellement fonction de l'époque. En 1930, la conception du travail, de la famille et de la patrie avait assez peu changé par rapport aux années 1900. La première grande impulsion vers le changement fut donnée par le gouvernement de Front populaire. Mais la société technologique, en plein essor, était grosse d'une immense transformation — vis-à-vis de laquelle l'école républicaine était, il faut l'avouer, fort partagée, mais consciente d'une nécessaire évolution. La doctrine de Vichy nous ramène cinquante ans en arrière : elle est clairement réactionnaire. Mais pas plus. Elle n'est pas le mal.

Dans la devise « travail, famille, patrie », il n'y a rien que l'école de Jules Ferry eût condamné. La damnation de Vichy se joue ailleurs. On pourrait même soutenir que le mal commence dans la perversion de la formule.

Travail. L'exaltation du paysan, de l'ouvrier, de l'artisan, guère différente de ce qu'elle était avant 1914, s'accommode de l'infernal *Arbeit macht frei.* Famille. Pour que les familles juives ne soient pas séparées, on va livrer les enfants aux nazis, qui, au début du moins, ne le demandaient pas. Quant à la patrie, inutile d'insister : le régime la galvaude, la ruine, la fait éclater.

Revenons à la Raison (toujours avec un grand R). Il est entendu qu'elle est plus forte que tout... à condition qu'on l'écoute. Elle nourrit la volonté qui permet de « se vaincre » et d'accomplir ses sentences (on a un peu l'impression qu'elle se soulève en se tirant par les cheveux, mais enfin). Les méchants sont donc des êtres déraisonnables, des malades ou des fous.

La psychologie et, plus tard, la psychanalyse, qui démontrent la puissance des pulsions et des passions, ne sont pas les bienvenues dans cette affaire. On va les ignorer le plus longtemps possible : jusqu'au bout.

Souverain mépris ou politique de l'autruche ? Qui sait.

Ouvrons le volume *Morale* du cours de philosophie de G. Davy, par André Bridoux (Hachette, 1945). L'index nous apprend que Kant est cité vingt-deux fois, ce qui semble justice. Descartes, vingt-sept citations, le bat d'une tête. Platon, Pascal, Rousseau sont dans les mêmes parages. Et Freud ? Zéro. Allez voir en psycho si j'y suis ! Janet, Piaget ? Zéro. Alain ? Zéro.

Aucun doute, notre morale est unijambiste.

Il ne faut pas s'étonner si cette patte unique va s'user vite.

D'autre part, on s'aperçut que les lumières du savoir et de la science ne conduisaient pas tout naturellement à la bonne volonté et moins encore à la volonté tout court. Qu'il ne suffisait pas d'être instruit pour vouloir le bien, et le faire. Que la physique et la chimie ne garantissaient pas la sagesse, le droit la justice, ni la médecine l'innocence. Il sortait encore des assassins et des voleurs de l'école de la République ; on voyait toujours des savants sans conscience, des avocats sans principes, des députés sans courage... Et pour le peuple, il a fallu inventer la Loterie nationale et le cinéma parlant.

En somme, le progrès s'affirmait partout, sauf dans l'homme.

On était de plus en plus submergé par les événements, emporté par les transformations du monde. On avait de plus en plus besoin d'efficacité immédiate. Les moralistes y perdaient leur latin, qu'il fût de faculté ou de sacristie.

Que faire ? Après tout, on n'avait pas besoin de connaître la loi d'Ohm pour allumer une ampoule électrique ni celle de Joule pour lancer un moteur. On se prit à croire que l'âme humaine tournait au courant alternatif. La morale n'était plus que le mode d'emploi des leviers et des boutons. Alors, on insista sur le « comment », on délaissa le « pourquoi », qui paraissait, encore moins qu'au temps de Jules Ferry, indispensable à l'éducation des enfants.

On s'habitua à tirer sur l'émotion comme sur une manette, on oublia la raison. La morale, qui avait longtemps marché sur une seule patte, entra peu à peu en lévitation.

On se contenta d'une morale fondée sur la bonne volonté, dont une forme populaire était la B.A. des scouts. En somme, la pratique d'une petite mécanique individuelle qu'il fallait entretenir en bon état de marche. N'oublions pas de graisser les roulements !

On eut une morale sans le pilier de la Raison, qui flottait dans l'air à la ronde, avec la conscience en guise de parachute.

Une morale devenue émotionnelle, utilitaire, contingente et, en conséquence, bientôt facultative. Un catalogue de recettes, et de préceptes hérités de la religion. Une morale sans raison, mais qui versifiait toujours les mêmes rimes : une petite chanson, de plus en plus douce, puis un simple murmure qui allait se perdre dans le fracas de la civilisation.

Elle s'envolerait bientôt dans l'espace infini des contes et légendes, ou bien retomberait en miettes sur le macadam du monde moderne. Son règne allait finir, de toute façon.

Il y eut le code de la route, en 1958, qui tiendrait lieu de nouvelle morale, de nouveau civisme. Ses prescriptions avaient force de loi ; elles constituaient un règlement cohérent, rigoureux qui s'imposait dans la vie de tous les jours. Alors, on s'imagina qu'il allait suffire à organiser la société, réduite à un entrelacs de voies, de carrefours, de ronds-points, d'impasses, de parkings, et abandonnée à la toute-puissance des machines à roues.

1. La vertu et le rire

Imitons les animaux pour leur sobriété

La vertu a une vertu bien connue : elle est comique. Nos moralistes ont, de plus, une façon de la chanter qui exalte tous les ridicules. Certains manuels, comme celui de Jules Payot, sont des espèces de condensés de la bêtise humaine. Jules Payot, l'auteur qui a osé écrire, sérieusement : « Que de patience, de souffrance, de courage, de sacrifices, de sang, représentent les quelques pages d'un manuel d'enseignement civique ! »

Faut-il en rire ou en pleurer, shakespearienne question ! Rions un peu, avant d'être brocardés à notre tour par nos héritiers...

La morale scolaire de la IIIe République est riche d'un bêtisier à remplir des volumes. Mais n'accablons pas ces braves gens, auteurs de règles, maximes et préceptes, qui nous amusent par leur balourdise, leur naïveté ou leur ineptie. Ils sont, depuis longtemps, partis dans l'autre monde voir ce qui est bien ou mal dans celui-ci. Ils ont, de l'au-delà, un dernier avertissement à nous dépêcher : que les donneurs de leçons d'aujourd'hui se demandent s'ils ne sont pas en train de faire les bouffons pour le chroniqueur du XXIIe siècle.

Rire beaucoup incite à la modestie et, si l'on a un peu de temps, à s'interroger sur la notion de ridicule :

Exemples de réflexions et d'exercices tirés des manuels de la première moitié du siècle :

— Imiter les animaux pour leur sobriété.

— Citer les différentes manières d'être homicide. (*Dans un cours de morale, c'est assez surprenant, n'est-ce pas ? N.d.A.*)

— Réfléchissons à l'avance à toutes les catastrophes qui pourraient survenir.

— Le changement d'une souffrance en un plaisir, quelle fée peut le produire ? C'est la fée Habitude.

— Soyez poli envers tout le monde surtout envers les vieillards et les autorités.

« La vieillesse a droit à la vénération
de tous les cœurs bien nés. »

Sous la IIIe République, et spécialement jusqu'à 1914, la morale était omniprésente dans l'enseignement ; dans la lecture et l'histoire, bien sûr, et jusque dans les « sciences » et l'arithmétique... La grammaire et, en particulier, la conjugaison donnèrent longtemps aux auteurs de manuels l'occasion de ressasser les préceptes moraux. Par exemple, dans *Lecture et langue française*, par A. Lyonnet et P. Besseige (Librairie Istra, 1930) :

> Conjuguez au mode impératif :
> Sois bon. Sois fort. Ne sois pas méchant.
> Aie confiance. N'aie pas peur.
> Écoute, ne bouge pas ! Réveille-toi !
> Finis ton devoir. Ne gémis plus.

Une accumulation forcenée, chaplinesque, des « impératifs », crée une image comique : on croit voir le pauvre gosse houspillé sans trêve par une espèce d'énergumène, qui est notre moraliste soi-même.

Ou encore ceci, dans le fameux « Bouillot », *Le Français par les textes*, sans cesse réédité de 1900 à 1940 :

> Conjugaison orale. — *Je me brûlerais la cervelle plutôt que de manquer à mon nom* à toutes les personnes du même temps, puis au conditionnel passé et à l'impératif.

Comment ne pas imaginer le malheureux gamin, un pistolet (à eau) sur la tempe ? Oui, mon petit ami, brûle-toi la cervelle plutôt que de manquer à ton nom !

Les enseignants de l'époque ne voyaient-ils pas le burlesque de ces formules, de ces métaphores et de ces imprécations ? Leur ridicule était perceptible à l'époque où les moralistes en chambre emplissaient leurs bouquins de formules naïves ou maladroites — même si, à l'école normale, on gobait tout cela comme l'évangile.

Très vite, avant même le tournant du siècle, de jeunes instituteurs et de jeunes institutrices, des adjoints, des adjointes, se sont rebellés contre la lourdeur et la bêtise des manuels. Au moins, ils s'en méfiaient.

Les maîtres à penser de l'école, eux, manquaient tout à fait du sens de l'humour. Le monde leur semblait une affaire trop respectable pour que l'on puisse en rire, et même en sourire. Ils se prenaient au sérieux d'une façon qu'on a peine à imaginer (mais, après tout, aujourd'hui, les maîtres à penser des médias...). On se gaussait déjà, à l'occasion, de leurs belles tournures.

Aux maximes de la morale scolaire, le bon peuple répondait par des boutades. Imiter la sobriété des animaux ? Certes. Mais on disait : « Méfiez-vous des animaux qui vont boire et des hommes qui en reviennent ! » La fée Habitude ? On murmurait : « Il faut prendre les mauvaises habitudes de bonne heure pour avoir le temps de les perdre... » Et ainsi de suite.

La plupart des auteurs de manuels (mais pas tous) croyaient que l'on pouvait conjurer tout mal, toute faiblesse, par la raison, la réflexion, l'attention, la prévoyance. Leur façon de voir n'était pas toujours stupide, seulement naïve et chimérique. Prenons les catastrophes. Un moraliste préconisait de réfléchir d'avance à tout ce qui pourrait arriver. Il voulait qu'on se réunisse en famille pour débattre : « Qu'est-ce qu'on ferait s'il y avait le feu ? » Pourquoi rions-nous ? C'est bien ce qu'on exige aujourd'hui des pouvoirs publics. On reproche aux exploitants du tunnel du Mont-Blanc, par exemple, de n'avoir pas *réfléchi d'avance* à la catastrophe qui pourrait survenir, et qui est survenue. Mais si un usager particulier avait essayé de réfléchir, à haute voix, aux risques qu'il courait en s'engageant dans le tunnel, tout le monde aurait éclaté de rire. C'est que nous avons pris l'habitude de déléguer bon nombre de responsabilités à l'État, aux pouvoirs publics, aux collectivités, à divers corps et organismes. On se sent autorisé à se préoccuper de sa propre sécurité seulement si l'on vit très isolé, dans des conditions très spéciales, etc. Mais il arrive qu'on n'ait plus confiance en ceux à qui l'on a délégué sa responsabilité, ce qui provoque parfois des réactions violentes. Ce sont, par exemple, les parents qui ne font plus confiance à l'Éducation nationale et occupent les écoles. Beaucoup de manifestations d'écologistes ont la même source.

La notion de ridicule est très fluctuante. Les histoires drôles de la Belle Époque ne font plus rire. On a envie de plaindre ces malheureux : les comiques et ceux qu'ils amusaient. Pourtant, certains humoristes du XIXe et du début du XXe siècle, comme Alphonse Allais, Tristan Bernard, Georges Courteline, sont restés très vivants : c'est qu'ils étaient d'abord des écrivains.

L'un d'eux aurait pu inventer Jules Payot, le « petit Jules », pour le distinguer de Jules Ferry, le grand.

Rira-t-on de nous un jour ? Sûrement. Ce serait sans doute un bon exercice de chercher, déjà, pourquoi et comment. D'ailleurs, la France est souvent moquée par ses amis européens, sans parler des Américains, pour ses sottes prétentions, ses habitudes invétérées de donneuse de leçons. La France, éternelle et incorrigible maîtresse d'école... Nous sommes souvent ridicules, car nous persistons à donner aux autres des leçons que nous sommes souvent incapables de nous appliquer à nous-mêmes.

Cela n'empêche pas que nous ayons peut-être raison quelquefois.

On constate aujourd'hui, et ce n'est pas une surprise, que, dans un monde dominé par la culture anglo-saxonne, le pragmatisme tend à supplanter le dogmatisme français et républicain. On pourrait considérer cela comme un progrès. En même temps, l'individualisme, valeur essentiellement américaine, l'emporte presque partout sur la solidarité à la française.

Il n'y a plus de quoi rire.

Et puis, sous le rire, il y a l'histoire des coups, des cris et des larmes...

2. La violence... Quelle violence ?

La délinquance à l'école a-t-elle toujours existé ?

La violence dans les établissements, contre les maîtres et contre les élèves, est-elle un problème récent ? La faiblesse de l'éducation civique a-t-elle aggravé le phénomène ?

On a toujours vu dans les classes et les cours de récréation des brutes insolentes, des goujats, des malotrus. Qu'est-ce qui les dissuadait ou les retenait davantage autrefois ? Les leçons de morale avec les imprécations d'un Jules Payot ? « Chaque fois qu'un enfant est injuste, méchant, brutal, il est semblable à Néron brûlant les chrétiens... »

Une bataille.

Oui, il l'a écrit : on lira ci-dessous le paragraphe entier, dans toute sa délicatesse et toute son érudition historique. Cette outrance bouffonne traduit-elle l'indignation de l'homme irréprochable, qui ne peut concevoir les trop humaines faiblesses, ou bien l'exaspération de l'impuissance ? On croit entendre sous le noble crâne du moraliste ce souffle de tempête : « Ainsi, malgré tant de patience, de souffrance, de courage, de sacrifices (*parlant de son apostolat, le plumitif ose ajouter : de sang...*) que nous dépensons pour écrire ces merveilleux livres d'enseignement civique, notre école est pleine de Néron en herbe ! »

Pourquoi ces cris d'orfraie ? Les moralistes laïques espèrent-il, par leurs hurlements, faire mieux taire leurs rivaux, les soldats de Dieu, avec leurs menaces d'enfer et de damnation ? Sans doute. Mais ils avouent en même temps leur échec, relatif certes, mais bien réel si on le mesure à l'aune des ambitions. Le petit Jules est trop héroïque pour jeter le manche du porte-plume après l'encrier, mais on sent quelquefois, entre ses jérémiades et ses semonces, la tentation de se draper dans sa dignité et de renoncer.

Aujourd'hui, le phénomène de violence et de délinquance prend une ampleur nouvelle et devient quasi général.

Remarquons toutefois que l'agressivité des enfants et des adolescents, encouragés par les adultes, s'est déjà exercée contre les maîtres, de façon très générale à l'époque de Jules Ferry, quand l'école laïque, l'école « sans Dieu », a commencé à rivaliser avec l'école catholique ; et un peu plus tard, et pour les mêmes raisons, lors de la séparation de l'Église et de l'État. Dans certaines régions, notamment l'Ouest, le Centre, c'était la petite guerre — de religion. C'était une guerre civile larvée. (Mais n'est-ce pas aussi un embryon de guerre civile que l'on sent germer dans certains quartiers de villes ou de banlieues ?)

Au tournant du siècle, les instituteurs laïques, et les institutrices peut-être encore plus, ont eu à subir presque partout une violence parfois retenue, forcenée souvent, du fait des parents catholiques les plus extrémistes, ou les mieux manipulés. On ne se contentait pas toujours de jeter des pierres sur leurs fenêtres ; on les visait parfois directement, on leur tirait dessus à coups de fusil. Les brimades, menaces, insultes étaient innombrables et variées, les agressions physiques pas rares. Les enfants relayaient les parents dans les persécutions. Y a-t-il eu des morts ? Peut-être. Si des instituteurs ou des institutrices ont été assassinés, on a pu camoufler les crimes en accidents ou en drames passionnels...

Les affrontements entre les deux écoles étaient presque permanents. Les enfants se battaient souvent comme des chiens. André Chamson le raconte avec talent dans *Le Chiffre de nos jours.*

Tout de même, il y avait aussi quelques méchants garnements, qui se passaient de la religion et de la politique pour agresser leurs camarades et leurs maîtres.

Dans une lettre aux *Annales,* en 1897, un instituteur apporte un témoignage facilement transposable cent ans plus tard[1] : « J'ai été cambronnisé (pardon du mot) nombre de fois ; j'ai reçu des coups de pied, des morsures, des égratignures, Dieu sait combien ; j'ai payé à plusieurs reprises les carreaux des vitres de la commune sur lesquels s'était exercée la vengeance de certains polissons. [...] Un jour m'arrive un vaurien réussi. En quelques jours, il était devenu la terreur de tous. Un après-midi, étant dans les rangs pour la

1. Cité par Danielle Delhome, Nicole Gault et Josiane Gonthier, dans *Les Premières Institutrices laïques.* Mercure de France, 1980.

gymnastique, il frappa d'un coup de sabot au front un petit camarade. Je lui ordonnai de se mettre à genoux à l'écart pendant cinq minutes. « Je n'irai pas, me répondit-il, et je t'emmerde ! »

Les agressions contre les maîtres se sont atténuées, raréfiées, dans la plupart des régions ; elle sont devenues exceptionnelles à partir des années 1920. Ont-elles jamais tout à fait disparu ? L'expérience porte à penser qu'elles ont continué de façon résiduelle, ici et là, en particulier contre les jeunes femmes...

Il faut remarquer un fait que l'on oublie parfois. Jusqu'à la loi du Front populaire, les élèves quittaient l'école primaire et, le plus souvent, l'école tout court, à treize ans, parfois bien avant. À cet âge-là, ils étaient encore, par la taille et la force physique, de vrais enfants. Toutes les photos de classes, jusqu'à la Seconde Guerre mondiale, montrent une grande majorité de petits bonshommes qui viennent tout au plus à l'épaule du maître.

Quant aux élèves des lycées et collèges, ils appartenaient presque tous à une prétendue élite bourgeoise ; en outre, l'administration disposait contre eux d'une arme imparable : l'exclusion pure et simple, et définitive. Les mauvais sujets, ou les élèves un peu trop indociles, se retrouvaient dans quelque établissement spécialisé, à discipline sévère, chez les jésuites ou ailleurs : les maisons de correction des riches.

Rédactions sur image. Les défauts de Jean.

Dans les années 50, il devenait difficile d'enseigner la morale : les enfants avaient été témoins des événements de l'Occupation ; beaucoup avaient eu sous les yeux les pires exemples. Les leçons de morale faisaient rire déjà les plus malins, ou les plus malignes, et l'on avait de plus en plus de peine à dompter les voyous.

On connaît certains épisodes dramatiques, situés dans la France profonde du demi-siècle, mais dignes des banlieues modernes. Et certains témoignages laissent soupçonner que beaucoup d'histoires inavouées, graves, ont été couvertes par l'omerta des villages.

Une parenthèse, ici, à propos de l'école libre. Dans son très beau roman d'apprentissage, pour une large part autobiographique, *Les Jeunes Hommes* (1944), Jean-Louis Curtis, qui aura un peu plus tard le prix Goncourt, raconte le calvaire d'un fils du peuple, Jean Lagarde, devenu pion dans un collège religieux. Le jeune bachelier se mesure au mépris, à la fronde des morpions de la bourgeoisie. Ceux-là, parce que leurs parents paient, ont des droits, car les pères ont besoin de faire tourner leur petite affaire : en particulier le droit de persécuter les « Petit Chose ». Jean Lagarde vit un enfer. « Et dès le premier jour, la torture de l'étude. Dès la première minute en chaire, le chahut, les quolibets, l'ignoble raillerie de ces enfants de riches.

« En vingt-quatre heures, ses rêves sont réduits en morceaux, son exultation fait place à la panique, à la désespérance. Jean se rappelle ce soir lugubre où il a erré autour de l'étang, dans la nuit, seul. [...] Sa misère était si lourde qu'il ne voyait qu'un moyen de sortir de là : l'étang (p. 142). »

On connaît des jeunes profs de l'an 2000 qui pourraient, en toute justice, paraphraser ces lignes.

Mais il en est quelques-uns toujours prêts à excuser, avec une généreuse véhémence, des élèves qui leur tapent sur la figure avant de tout casser au collège : « La moitié vivent au-dessous du seuil de pauvreté. » Eh bien, autrefois, un fils de domestiques agricoles se devait d'être plus poli, respectueux de l'ordre et des usages qu'un fils de propriétaire.

Être né dans une famille pauvre ne constituait pas une excuse à tout. Les pauvres avaient la conviction d'être aussi honnêtes, ou plus, que les « messieurs », les riches, et ça leur semblait naturel et obligatoire. Plus tard, une certaine sensibilité politique a voulu pendant des années persuader les enfants et les adolescents que la pauvreté leur donnait le droit de récuser un ordre social injuste et de le contester par la violence : ainsi, tout était permis, en attendant la révolution.

Cela n'ôte rien aux responsabilités d'une société où règnent, jusqu'aux plus hauts niveaux, la veulerie et la corruption. Mais les mauvais exemples venus de très haut donnent-il aux petits voyous le droit de cogner sur les profs ou de saccager leurs écoles ?

Les enseignants d'aujourd'hui, souvent presque seuls sur le front de la violence, paient le laxisme de leurs prédécesseurs et un « esprit soixante-huitard » hors de saison. Les élèves aussi.

Le remède est-il, pour autant, dans le retour à la morale d'autrefois ?

On en doute.

Aimons nos livres

Aimons nos livres. — Que de patience, de souffrance, de courage, de sacrifices, de sang, représentent les quelques pages d'un manuel d'enseignement civique !

La Morale à l'école, par Jules Payot, *op. cit.*

Il y a de même une ligne de partage qui sépare les volontés et les destinées : d'un côté, les enfants bons et loyaux ; de l'autre, les enfants méchants, brutaux, menteurs, sournois ; d'un côté, les penchants de la « bête humaine » ; de l'autre, la sagesse, la raison.

La Morale à l'école, par Jules Payot, *op. cit.*

Mais gardons-nous de confondre les écrivassiers qui surexcitent les passions basses, avec les penseurs désintéressés.

La Morale à l'école, par Jules Payot, *op. cit.*

Nos criminels sont semblables aux barbares ancêtres : leur haine et leur cupidité les aveuglent et, oubliant toute raison, ils tuent ou ils volent. Sans aller jusqu'aux criminels, n'y a-t-il pas des enfants à qui la gourmandise fait oublier leurs promesses ?

La Morale à l'école, par Jules Payot, *op. cit.*

Je connais la laideur de la gloutonnerie, les dangers de la gourmandise. Je saurai m'arrêter à temps, qu'il s'agisse de manger ou de boire. Je ne veux pas ressembler aux bêtes qui ne vivent que pour leur estomac.

L'Éducation morale à l'école primaire,
par J. Cressot, *op. cit.*

Questions à étudier. — Différentes façons d'être homicide : coup de poignard, coup de fusil, empoisonnement, etc.

Manuel d'éducation morale, civique et sociale,
par E. Primaire, *op. cit.*

Et puis la famille est l'école des vertus nationales et sociales.

Morale, instruction civique, travail. Classe de 5e, par A. Souché. Nathan éditeur, 1948.

Un de vos camarades casse une assiette. Il rit niaisement en disant : cela fait marcher le commerce ! Montrez-lui que la perte d'une assiette ne peut se réparer.

Pour devenir un homme. Livre de lecture courante, par Ém. Aubriot. Librairie Garnier Frères, 1908.

Aussi, réfléchissons à l'avance, en famille, à ce qu'on devrait faire si le feu prenait, si une inondation survenait, si notre train déraillait, si le cheval de la voiture s'emportait, etc.

La Morale à l'école, par Jules Payot, *op. cit.*

Comprenez que la cellule mère de la vie française, ce n'est pas l'individu, qui est éphémère, dont les jours sont comptés et dont l'œuvre risque de ne pas lui survivre, mais la famille, dont la vie est éternelle, la famille qui crée une œuvre matérielle, une œuvre morale, et qui, de père en fils, s'améliore, s'enrichit, se transmet cet héritage d'œuvres et de vertus.

Morale, instruction civique, travail.
Classe de 5e, par A. Souché, *op. cit.*

Les pensées et les actes injustes sont comme les pensées et les actes des exploiteurs, des violents, des bourreaux. Chaque fois qu'un enfant est injuste, méchant, brutal, il est semblable à Néron brûlant les chrétiens, aux grossiers barons féodaux du Moyen Âge qui foulaient dans leurs chasses les moissons des pauvres paysans. Il est semblable à ceux qui, sans jugement, enfermaient à la Bastille des innocents ; semblable aux planteurs qui faisaient fouetter, parfois jusqu'à la mort, leurs esclaves.

Voilà à quelle espèce de méchantes gens appartient un enfant dès qu'il commet une injustice. Il fait partie de la lie de l'humanité.

La Morale à l'école, par Jules Payot, *op. cit.*

Dites ce que vous entendez par la tempérance ; montrez qu'il y a en nous des instincts auxquels nous devons résister, et d'autres instincts, au contraire, auxquels il convient d'obéir entièrement, et faites ressortir les conséquences de l'intempérance.

Jean Lavenir. Livre de lectures courantes,
par Édouard Petit et Georges Lamy,
op. cit.

Les ouvriers affectent trop souvent des manières grossières, un langage incorrect et malséant, un laisser-aller, une négligence, une malpropreté même, qui choquent.

Manuel d'éducation morale, civique et sociale,
par E. Primaire, *op. cit.*

Questions d'intelligence. Pourquoi, à Paris, a-t-on fait percer des rues dans les quartiers pauvres ?

Est-il vrai que celui qui donne de sa science à son voisin ne s'appauvrit pas ?

Montrez par une invention humaine quelle distance nous sépare des animaux ?

Est-ce qu'un Anglais est très différent d'un Français ? Haïssez-vous les petits enfants étrangers ?

Pour devenir un homme, par Ém. Aubriot,
op. cit.

Notre vie ne semble pas avoir d'autre emploi que le travail.

L'oisiveté est donc une sorte de rébellion contre la loi naturelle et universelle du travail. Veux-tu te trouver des occupations ? Les mers sont ouvertes ;

les campagnes sont assez vastes ! Travaille, tu dois payer ta vie par tes travaux. L'oisif fait un vol à la société.

Le Droit Chemin. Lecture courante pour les jeunes filles de cours supérieur et complémentaire, par Marie Robert Halt.
Librairie classique Paul Delaplane, vers 1900.

Travailler est indispensable à l'homme pour suffire à ses besoins. Le travail est une école de mutualité. Il fortifie le corps, l'esprit, et développe les qualités morales. Il contribue à nous rendre libres et heureux.

L'Éducation morale et civique à l'école, par Brémond et Moustier, *op. cit.*

(Le travail rend libre. En allemand : Arbeit macht frei... N.d.A.)

Il faut être inattentif pour ne pas voir que dès cette vie les méchants sont en enfer et les honnêtes gens au paradis.

La Morale à l'école, par Jules Payot, *op. cit.*

Le travail, c'est la liberté et c'est la joie.

Morale, instruction civique, travail. Classe de 4e, par A. Souché, *op. cit.*

(Comme ci-dessus. Les mythes ont le vie dure ! N.d.A.)

Est-ce un homme que le paresseux, « ce porc à l'engrais », comme en a dit quelqu'un, et que sa paresse mènera à l'immoralité, à la débauche, à l'infamie ?

Est-ce un homme que l'individu veule et mou, sans consistance et sans énergie, esclave des autres, esclave de son journal, esclave de quiconque veut prendre la peine de le mener ?

Manuel d'éducation morale, civique et sociale, par E. Primaire, *op. cit.*

La paresse est donc un grand défaut ; le paresseux est un ingrat envers la famille et la société ; il nuit au progrès général, car il est à charge de ses semblables. On ne saurait trop faire honte aux paresseux. Tout citoyen oisif est un fripon.

L'Éducation morale et civique à l'école,
par Brémond et Moustier, *op. cit.*

L'oisif est un frelon qui s'engraisse du labeur des abeilles. (Hésiode.)

Morale, instruction civique, travail. Classe de 4e,
par A. Souché, Fernand Nathan, 1948.

Les paresseux ne sauraient être classés parmi les vivants : c'est une espèce de morts qu'on ne peut enterrer.

L'Éducation morale et civique à l'école,
par Brémond et Moustier, *op. cit.*

Je citerai encore une cause de la condition misérable de beaucoup d'ouvriers : c'est la paresse, « le péché auquel nous nous laissons aller le plus facilement ». Combien y en a-t-il qui, travaillant faiblement et à contrecœur, ne font rien de bon, mettent deux heures pour exécuter l'ouvrage d'une seule, reculent devant les difficultés qui devraient les animer, restent pauvres par leur faute, et condamnent ainsi leur famille à l'ignorance et à la misère !

Manuel d'éducation morale, civique et sociale,
par E. Primaire, *op. cit.*

Le jour, que nous voulons croire prochain, où la société sera organisée de telle sorte que l'ouvrier n'ait plus à craindre les privations injustes, le jour où il ne sera plus hanté sans cesse par la peur d'un lendemain incertain et précaire, tout labeur deviendra joyeux, et le travail sera ce qu'il doit être : la source de la santé, de l'indépendance, du bonheur et de la vie même.

L'Éducation morale et civique à l'école,
par Brémond et Moustier, *op. cit.*

Le paresseux ne sait pas gagner sa vie ; il change souvent de place et de métier ; il ne pense qu'à flâner et à mal faire. Bientôt, pour vivre, il mendiera ou volera ; il boira pour se distraire et fera des dettes. C'est en classe que j'apprendrai à ne pas être paresseux.

L'Enseignement de la morale,
par René Doquet, *op. cit.*

Chacun de nous peut par sa conduite indigne se ravaler au rang des bêtes, ou, au contraire, s'élever par l'imitation des meilleurs et des plus grands d'entre les hommes.

Manuel d'éducation morale, civique et sociale,
par E. Primaire, *op. cit.*

La paresse engendre l'ennui.

Quiconque ne fait rien ne vaut rien : un âne qui travaille est une majesté à côté de l'homme fainéant.

Manuel d'éducation morale, civique et sociale,
par E. Primaire, *op. cit.*

L'ignorant ne développe pas sa raison ; il n'a guère de pensée ; son esprit est étroit et mesquin ; sa vie est donc presque entièrement animale. À ce titre, l'ignorance est une déchéance toujours grave.

Manuel d'éducation morale, civique et sociale,
par E. Primaire, *op. cit.*

Un ivrogne est celui qui, après avoir bu, ne sait plus ce qu'il dit ni ce qu'il fait. Parfois, il roule à terre et devient grossier et brutal. L'ivrogne fait du mal à sa santé, à sa bourse, à sa famille.

Enfants, vous ne boirez jamais de liqueurs.

L'Enseignement de la morale,
par René Doquet, *op. cit.*

— Sous cette belle couleur de rubis,
ce flacon renferme un poison mortel, l'alcool !

L'alcoolisme et ses répercussions sociales : enfin, tous ces gens-là, plus ou moins malsains de corps ou d'âme, tous ces gens-là font nombre. Par le suffrage ou par l'émeute, ils interviennent puissamment dans

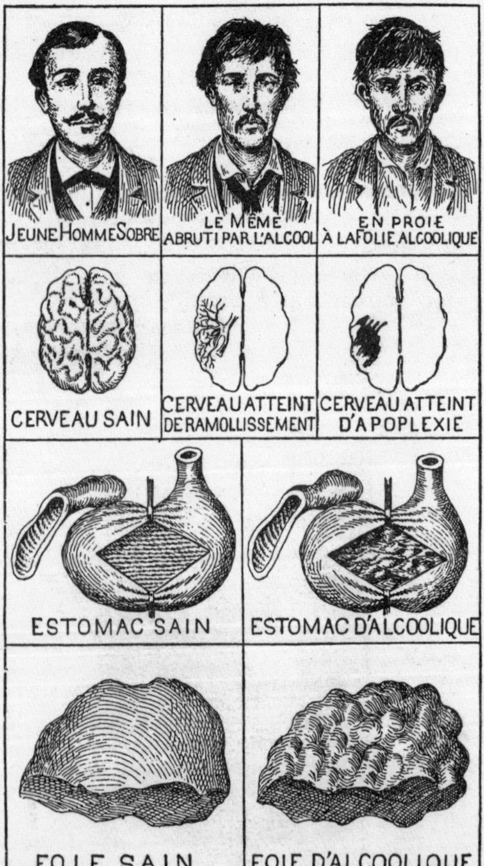

Ravages causés chez l'homme par l'alcoolisme.

les affaires publiques C'est d'eux que sortent périodiquement l'anarchie ou la dictature. (Izoulet.)

Manuel d'éducation morale, civique et sociale,
par E. Primaire, *op. cit.*

L'ivresse mène à tous les crimes et n'en excuse aucun.

Résumé d'instruction morale et civique,
par F. Lechantre, *op. cit.*

Faites le portrait d'un homme ivre ; ses yeux hagards, sa démarche mal assurée, ses vêtements en désordre.

Il a trop bu. Il ne sait plus ce qu'il dit (paroles sans suite, grossièretés et menaces). Il ne sait plus ce qu'il fait (ses gestes ridicules, violents et brutaux). N'en riez pas ; ne vous arrêtez pas même à le regarder ; l'ivrogne est tombé plus bas que la bête.

L'Enseignement de la morale,
par René Doquet, *op. cit.*

D'un être bon, fort, utile, l'alcoolisme
fit une brute dénaturée, une sorte de fou violent et insensé !

Quand on trouve un voleur ou un criminel appartenant à une famille honorable, on est tout étonné, car en général on reste honnête si l'on n'a eu que de bons exemples sous le toit paternel.

L'Éducation morale et civique à l'école,
par Brémond et Moustier, *op. cit.*

Je serai bon et charitable envers mes petits camarades, envers tout le monde. Je serai toujours prêt à faire du bien aux autres. Je ne taquinerai jamais ni les gens ni les bêtes. Je rendrai plus volontiers service aux vieillards, aux infirmes, aux mutilés. Je saurai donner gentiment aux malheureux du peu que je possède.

L'Enseignement de la morale,
par René Doquet, *op. cit.*

L'autorité du professeur doit être respectée, car il représente les parents, il représente l'État et la loi du pays, et, surtout, il représente le savoir accumulé par les générations.

Initiation à la vie morale, civique et économique.
Classes de 6e et de 5e, par G. Collin.
Librairie Delagrave, 1950.

L'école est l'endroit où les enfants peuvent le mieux se préparer à la vie sociale. Elle est l'image de la société, et d'une société presque parfaite où chacun est traité suivant ses mérites.

L'Éducation morale et civique à l'école,
par Brémond et Moustier, *op. cit.*

Instituteur, éducateur,
[...]
Travaille pour l'humanité,
Bon ouvrier, plein de vaillance
Arrache des âmes d'enfants
Les instincts mauvais d'un autre âge,
Atavique et sombre héritage

Dont les morts chargent les vivants.
Brise les anneaux de la chaîne
Qui rive au passé l'avenir ;
Les siècles de nuit vont finir ;
Prépare l'aurore prochaine
Au flambeau de la vérité.

Poème à l'instituteur laïque,
par Jean Philippe : in H. Blanc, *Vers le bonheur par l'école laïque.* Librairie Gedalge, 1908.

Que les écoles se répandent, qu'elles acquièrent toute leur efficacité, et les neuf dixièmes des articles du code perdront leur raison d'être ; le long catalogue des souffrances humaines sera raccourci ; la sécurité sera plus grande le jour ; le sommeil plus respecté la nuit ; la propriété, la vie, la réputation mieux garanties ; toutes les espérances raisonnables plus radieuses.

Manuel d'éducation morale, civique et sociale,
par E. Primaire, *op. cit.*

Les iniquités sociales qui affligent encore notre civilisation disparaîtront peu à peu et emporteront avec elles l'aumône, souvent impuissante et toujours humiliante.

L'Éducation morale et civique à l'école,
par Brémond et Moustier, *op. cit.*

Maxime : Qui casse les verres les paie.

Résumé d'instruction morale et civique,
par F. Lechantre, *op. cit.*

CHAPITRE IV

Une morale pour des héros

1. Fiction et réalité dans le roman scolaire

Composition française :

Lorsqu'une compagne nous plaît et que nous avons le désir de nous lier avec elle, comment s'y prendre pour la bien connaître avant d'en faire notre amie ?

1) Quelque aimable qu'elle paraisse, ne la cherchez pas pour amie si elle montre de l'orgueil, si elle n'est pas pieuse, si elle est bavarde. Pourquoi ? Trois choses faciles à connaître en peu de temps. Comment ?

2) Que votre amie ait du goût pour l'étude, qu'elle ait de l'ordre. Pourquoi ?

3) Qu'elle aime ses parents et les pauvres, qu'elle ne soit pas médisante. Pourquoi ?

Conclusion.

Cahier d'écolier, 1895, cité par J. Baubérot (in *La Morale laïque contre l'ordre moral*).

La morale que l'on enseigna pendant plus d'un demi-siècle fut sans doute utopique et héroïque. Il n'empêche, il fallait la rendre vraie. Pas seulement vraisemblable : aussi vraie que la vie. Il lui fallait des situations réelles, des personnages que l'on rencontre le matin sur le chemin de l'école et les dimanches à la promenade. Il lui fallait des héros à aimer, des exemples à admirer et que l'on désire copier.

Cela, la littérature l'a toujours fait. *Tristan et Yseult* n'avait pas d'autres buts, ni *Werther*, ni *L'Éducation sentimentale*, ni même (surtout ?) *Le Comte de Monte Cristo.* Il était donc bien naturel qu'on la convoque dans ces « romans scolaires ». Ainsi sont nés des centaines de textes édifiants dont le but assigné était d'enseigner le bien et le mal, les montrer dans leurs œuvres et leurs incarnations tout en apprenant la lecture, l'écriture, en découvrant le monde tout neuf du progrès et celui bientôt parfait du futur... Qu'on imagine à notre tour ce qu'il pouvait y avoir d'extraordinaire, pour un gosse des campagnes, à découvrir, à travers ces textes, les réalités des grandes villes que l'on voulait bien lui décrire !

Mais les romans scolaires de cette période hautement morale mentent. De bonne foi, peut-être, les auteurs ayant par principe chaussé leurs lunettes roses. Par omission souvent, car ils font passer leur vision édulcorée pour une vérité vraie. Ils font de leur fable la référence du vrai et, lorsque le vrai diverge, c'est lui qui en devient condamnable.

Ces auteurs sont souvent les mêmes que les compilateurs de règles et de maximes des livres de morale. On ne s'étonnera donc pas de leur cécité sur les mouvements profonds de l'être humain, alors même que les romans des « grands romanciers » ne cessaient d'en dévoiler les puissantes forces et les infinies contradictions.

Il semble bien que les romanciers scolaires, dans leur désir de montrer et de faire advenir par leurs œuvres un monde parfait, aient eu un peu conscience du décalage qu'ils opéraient. L'inflexibilité avec laquelle ils condamnent tout ce qu'aujourd'hui nous appelons la « nature humaine » semble trouver là sa justification. Mais ils se sont pris à un jeu que l'on a connu dans d'autres circonstances (les fables de l'« art socialiste » par exemple) : puisque les rigueurs morales qu'ils souhaitaient enseigner achoppaient sur la chair humaine, ils n'enseigneraient plus qu'une morale pour des héros. Et tant pis si ces héros ne se dressaient jamais en chair et en os hors des bibliothèques scolaires. Ce monde-là, parfait, existait. On pouvait le faire visiter de page en page, l'enseigner, le reproduire de fiction en fiction avec, qui sait, l'espoir peut-être qu'un jour la fiction enveloppe la planète tout entière comme les beaux papiers de Noël nimbent les cadeaux trop éphémères.

« Par un épais brouillard du mois de septembre deux enfants, deux frères, sortaient de la ville de Phalsbourg, en Lorraine. Ils venaient de franchir la grande porte fortifiée qu'on appelle porte de France... »

Ils sont encore quelques anciens écoliers, plus que soixantenaires, à se souvenir des premières lignes de ce livre magique, *Le Tour de France par deux enfants*[1], par G. Bruno, le best-seller reconnu des manuels scolaires de la IIIe République, et sans doute un des « livres d'école » les plus célèbres de tous les temps. Le premier succès d'un genre nouveau.

Le triomphe de ce petit chef-d'œuvre entraîna dès la fin du siècle dernier une prolifération du genre, que l'on vit fleurir jusqu'aux années 1960.

On eut donc, pour simplifier, deux catégories de livres de lecture : les romans et les recueils de morceaux choisis. Roman et recueil sont restés face à face, chiens de faïence de l'école, tout au long de la IIIe République.

---

1. *Le Tour de France par deux enfants.* Librairie classique Eugène Belin, de nombreuses éditions entre 1875 et 1914.

Pendant une première période, environ jusqu'à la fin des années 1920, les deux types de livres se partagèrent à peu près les faveurs des maîtres de l'école primaire. Les romans scolaires l'emportaient légèrement dans les classes rurales, les morceaux choisis dans les classes urbaines.

Une réédition récente du *Tour de France* indique un tirage définitif de plus de huit millions et demi d'exemplaires. Une édition de *Suzette,* datée de 1916, indique quinze cent vingt-cinq mille exemplaires vendus, ce qui n'est pas mal non plus. Donnons en passant un coup de chapeau claque à ces dames : Mme Augustine Fouillée (G. Bruno) et Mme Marie Robert Halt : elles ont bien mérité de la République.

Un exemple peut aider à saisir la différence de tonalité morale entre ces morceaux choisis, extraits des œuvres de grands écrivains, et qui avaient le criant défaut de n'être pas écrits pour les enfants du peuple, d'une part, et les romans scolaires, composés deux fois sur trois, pour les besoins de la cause, par les plumitifs de l'Instruction publique.

Prenons *Yvan Gall, le pupille de la marine,* livre de lecture courante par M. l'inspecteur général Gabriel Compayré (vers 1900). Le mousse Yvan Gall sert à bord du vaisseau *Jean-Bart,* qui bourlingue à travers le monde. On nous donne à lire son journal de bord.

À la date du 1er février (vers 1880-1890), on apprend que le *Jean-Bart* a pris à son bord des forçats en route pour la Nouvelle-Calédonie, le navire pénitentiaire ayant subi des avaries. Les jeunes matelots sont touchés par la tristesse et le remords d'un condamné. On nous raconte l'histoire du pauvre homme. C'est un ouvrier mineur, qui s'est laissé entraîner par de méchants camarades pendant une grève (sans motif sérieux, bien sûr), dans l'une des grandes houillères du nord de la France. Il a crié avec les meneurs : « Mort aux riches ! Guerre aux patrons ! » Il a « vu rouge », tiré son couteau et a pris sept ans de bagne pour « tentative d'homicide ».

Son repentir le sauve.

Dans *Le Livre unique de français* de L. Dumas (1928), nous trouvons un texte tiré du *Livre de la pitié et de la mort*, de Pierre Loti : « Le moineau du forçat ». « C'est une bien petite histoire, qui m'a été contée par Yves, un soir où il était allé en rade conduire, avec sa canonnière, une cargaison de condamnés au grand transport en partance pour la Nouvelle-Calédonie. Dans le nombre, se trouvait un forçat très âgé qui emmenait avec lui, tendrement, un pauvre moineau dans une petite cage... »

Yves entre en conversation avec le forçat. Celui-ci raconte que l'oiseau apprivoisé a passé une année en prison, perché sur son épaule. Il a obtenu, non sans peine, l'autorisation de l'emporter en Nouvelle-Calédonie et il a construit une cage avec des bouts de bois et de fil de fer.

« Un peu plus tard, le forçat offre à Yves... la cage vide. "Non, certes, remercia Yves. Ce sera votre petit compagnon là-bas. — Oh, reprit le vieux, il n'est plus dedans..." Et deux larmes d'indicible misère lui coulaient sur les joues. [...] »

Pendant une bousculade de la traversée, la porte s'était ouverte, le moineau avait eu peur, s'était envolé, et tout de suite était tombé à la mer à cause de son aile coupée. Alors, le vieux s'était tenu silencieux à sa place, regardant s'éloigner sur l'écume de la mer le petit corps gris qui se débattait toujours : il s'était senti effroyablement seul, maintenant, pour jamais, et de grosses larmes de désespérance solitaire lui brouillaient la vue...

Et Yves, tristement, avait accepté la cage.

Les écoliers des années 1920-1930 n'ont jamais oublié le moineau du forçat. Le vilain gréviste qui criait : « Mort aux riches ! », lui, n'est pas passé à la postérité. Désolé, Monsieur l'inspecteur général !

Gabriel Compayré, dans son ivresse éducatrice, réussit cependant, un autre tour de force : il conduit ses héros devant la guillotine et leur donne le privilège d'assister à une exécution capitale. Voici le vaisseau *Jean-Bart* et Yvan

Gall à la Nouvelle-Calédonie. On nous raconte que la plupart des forçats, leur peine purgée, reçoivent des concessions, deviennent agriculteurs et artisans et retrouvent le chemin d'une vie honnête et heureuse.

Mais les bagnards ne s'amendent et ne se réhabilitent pas tous. Certains commettent même de nouveaux crimes. Ainsi, pendant leur séjour à la colonie, les jeunes marins du *Jean-Bart* assistent à l'exécution capitale d'un déporté qui avait assassiné un de ses camarades.

Voici donc un document exceptionnel dans les annales de l'école. L'inspecteur général Compayré devait être très fier de le proposer à des milliers de jeunes lecteurs. Nourrissait-il un doute sur l'exemplarité de la peine ? En tout cas, il a fait son devoir de moraliste :

> ... Nous avons vu dresser la guillotine sur quatre grosses pierres enfoncées dans le sol, à quelques pas de la porte de la prison où sont enfermés les condamnés à mort.
>
> Vers quatre heures du matin, une compagnie d'infanterie de marine vient former le carré autour de l'instrument du supplice. Derrière les soldats, la foule des curieux s'amasse ; mais il n'y a pas que des curieux volontaires. Comme l'on pense que le spectacle de l'exécution peut avoir pour résultat d'intimider et de prévenir, par l'exemple du châtiment, leurs mauvais desseins, on amène sur le lieu de l'exécution la plupart des forçats.
>
> La porte de la prison s'ouvre. On aperçoit un homme vêtu de blanc, qui s'avance, escorté de surveillants, le revolver au poing. À côté de lui, une robe noire : c'est l'aumônier qui récite les

prières des agonisants.

— À genoux ! Chapeau bas ! crie le commandant.

Et alors, debout sur la guillotine, le malheureux qui va mourir, saisi d'effroi et de remords en face du grand inconnu qui l'attend, essaie d'élever la voix et de dire quelques paroles. Souvent, mû par un sentiment étrange de moralité bien tardive, il adresse aux forçats des conseils touchants.

Les tambours roulent... Le bourreau s'empare du condamné, et bientôt justice est faite. C'est fini, et les forçats prosternés se relèvent pour aller reprendre leur travail quotidien. Puissent-ils emporter, de tout ce qu'ils ont vu et entendu, la résolution de se mieux conduire et de ne point mériter un semblable sort ! (*Yvan Gall*, pp. 262-263.)

On ne peut s'empêcher de penser que l'exhortation finale s'adresse en fait aux écoliers turbulents, insolents et indisciplinés.

Depuis *Le Tour de France par deux enfants* et *Suzette*, à la fin du siècle dernier, jusqu'au livre de L. Vasseur, *Enfants du XXe siècle*, le plus moderne, et celui de Pérochon, *Les Yeux clairs*, le plus louche (sans jeu de mots !), il y a eu à peu près deux douzaines de romans scolaires.

Jeanne et Madeleine, livre de lecture pour les jeunes filles, par Alice Dereims (1903), est un joli roman scolaire, plein de spontanéité et de fraîcheur. La morale y est épandue à pleines pages, certes, mais avec une sensibilité, une élégance même qui manquent souvent dans les livres des garçons. Le « carnet de résolutions » des élèves réunit les maximes ou préceptes que l'on trouve partout ; mais la vertu vient du cœur, et cela change tout.

MON CARNET

« Moi aussi, comme Jeanne et Madeleine, je n'oublierai pas que ma famille fait partie d'une grande famille qu'on nomme la société et que tous les êtres qui la composent ont des devoirs réciproques.

« Je m'engage à être tout à fait honnête et tout à fait sincère.

« Mais je veux aussi être aimable ; je m'appliquerai donc à chercher dans les autres les qualités et non les défauts, afin d'être bienveillante au fond du cœur et sincèrement aimable dans mes manières. »

À la fin, Jeanne la pauvre confie à Madeleine la riche, devenue son amie : « Je t'en voulais d'être si bien habillée, d'avoir toutes tes aises, une vie si agréable. Je ne me doutais pas du tout qu'on pût avoir des devoirs envers les gens heureux ! C'est vrai que, puisqu'il faut tâcher de donner un peu de bonheur à ceux qui n'en ont pas, il ne faut ni troubler celui des heureux, ni le leur envier, ni s'en attrister. » Et Madeleine répond : « Oh ! Jeanne, Jeanne, comme je sens que je vais être bonne cette année. Je me rends si bien compte que je fais partie de l'humanité ! »

Euh... bon. Mais enfin, c'est un livre sans mépris, sans fureur et sans haine. Il n'y en avait pas beaucoup.

Alain Redon (précédé par *L'Enfance d'Alain Redon*) est un livre de lecture courante destiné aux garçons, paru vers 1906-1907 et signé par « Un ami de l'école[1] ». On aimerait en savoir plus sur cet anonyme, car le livre est assez beau, aussi peu raciste que possible, moins acharné à glorifier la terre et les paysans, l'armée et la guerre... Très louangeur, par contre, pour les associations et les coopératives, il semble exprimer l'opinion moyenne des instituteurs de ce temps — et pas celle des inspecteurs généraux.

Cet « ami de l'école » était-il un instituteur ? On aimerait le croire.

Les personnages, qui ne sont pas simples stéréotypes, agissent et vivent dans une véritable histoire, relativement réaliste, où l'on rencontre pourtant chaleur et bonté. On trouve, dans ce livre, un visage très humain de l'école en 1900, attachant et sans doute assez vrai. C'est celui qui apparaît, moins net cependant, moins habilement tracé dans l'œuvre d'un instituteur de la Seine, Émile Aubriot, *Pour devenir un homme* (1907), souvent entachée de naïvetés et de balourdises.

1. *Alain Redon.* Lecture courante à l'usage des garçons, par « Un ami de l'école », 1908.

Le drapeau.

La part faite au progrès, aux sciences et techniques, est ici beaucoup plus belle. À propos de la guerre, une profession de foi qu'auraient signée tous les instituteurs : « Nous pouvons concilier l'amour de notre pays et l'amour de l'humanité. Sans risquer notre indépendance, sans rien abandonner de notre génie et de notre idéal, travaillons à ce que toutes les nations s'organisent dans le même temps pour supprimer la guerre ! »

La philosophie du travail est très prégnante : « Le travail, c'est le bonheur. » La coopération est donnée comme le remède à tous les problèmes sociaux. Mais pas un mot des colonies. Compte tenu de l'hystérie colonialiste des premières années du siècle, ce silence vaut réprobation.

En 1920, paraît chez Nathan un livre de « Madame Dès », *Jean et Lucie*, Histoire de deux réfugiés : la guerre racontée aux enfants.

Et racontée à chaud, ce qui autorise le ton emphatique, gémissant, triomphaliste et vindicatif, de règle au retour de la paix. Pendant le récit, d'ailleurs excellent, nul besoin de morale. La France mène la « guerre du droit » : nous sommes donc le bien, nos ennemis sont le mal. Enfin, voici ...« la France victorieuse ! le pays délivré de la souillure allemande ! » On nous inflige alors la morale à haute dose, en quelques pages, assez intelligemment, il faut en convenir. La France se relèvera par le travail et l'économie. Chacun devra travailler plus et mieux que par le passé... La vie n'est ni un jour de deuil ni un jour de fête, c'est un jour de devoir. Le métier de ménagère reste le meilleur métier de la femme. Au sein de la famille s'édifie la fortune d'une nation. La France est un pays qui cache ses vertus comme d'autres cachent leurs vices. Sainte Raison, comme nous sommes bons, comme nous sommes grands et généreux !

Quand même, n'oublions pas que l'ennemi a été inhumain, déloyal, que les civils allemands, même les femmes, ont applaudi aux atrocités ordonnées par leurs chefs...

La tâche de la mère est à la maison.

Et pour être digne des morts héroïques, petit Français, tu seras bon fils, bon frère, bon élève, bon camarade ; tu éviteras de souiller tes lèvres d'aucun mensonge. La sincérité et la loyauté sont les qualités essentielles des fils de France.

Les pures traditions françaises, « révérées de tout l'univers », sont l'héritage sacré que nous devons transmettre à nos descendants. En conclusion, il faut continuer à pratiquer les vertus de nos ancêtres et devenir meilleur chaque jour.

C'était le chant du cygne de la moralisation forcée et forcenée, à coups de sermons, d'imprécations et d'excommunications.

Quelques années plus tard, un inspecteur primaire, K. Séguin, publie un joli trio de romans scolaires : *Line et Pierrot,* premier livre (1924) ; *Jeannot et Jeannette,* lecture courante du cours élémentaire (1924) ; *Histoire de trois enfants,* lecture du cours moyen (1927). Dans ces ouvrages sensibles et fins, la morale est toujours là, plus ou moins explicite, mais suggérée en douceur et individualisée, comme ici :

> Le printemps prépare les récoltes de l'été et de l'automne. Travaille, toi aussi, mon enfant, dans le printemps de ta vie ; tu auras le cœur content et, quand tu seras grand, tu profiteras de ce que tu auras fait pendant tes jeunes années. (*Jeannot et Jeannette*, p. 161.)

Exit la gloire éternelle de la France, les traditions françaises révérées de tout l'univers, le rempart de la civilisation, etc. Ouf.

Pourtant, tout ne va pas pour le mieux dans le meilleur des mondes scolaires. Quelques régressions se manifestent. Une quinzaine d'années après la fin de la guerre, *Les Yeux clairs*, par Ernest Pérochon, malgré ses qualités littéraires et son attention à la réalité sociale, sonne comme un hymne prépétainiste au retour à la terre et salue en passant quelques traits de la « bonne race ».

> J'ai retenu les premières paroles du maître. Aussitôt après la rentrée, comme nous avions les yeux fixés sur lui, il a paru content et il a dit : À la bonne heure ! voici une assemblée aux yeux clairs !... Mes enfants, regardez toujours ainsi, avec les yeux clairs et francs.

On songe aussitôt à une célèbre affiche de propagande vichyste, « Un petit Français regarde bien en face », signée par Bernard Aldebert, en décembre 1943. Le petit garçon de l'affiche a, en effet, les yeux clairs et la coiffure sage ; il se tient les bras croisés, posé, serein et doux. Le sous-entendu est aussi limpide que ses yeux : voyez la différence avec les petits juifs !

Allons, enfants du XXe siècle !

Dans le livre de Pérochon, daté de 1934, la morale se réduit presque à ces scories, en ajoutant une célébration du colonialisme, encore de saison. Bons ou mauvais, les romans scolaires des années 1930 ont fait leur deuil des prêches qui emplissent encore les manuels traditionnels.

En 1935, un livre quelque peu en avance sur son temps annonce une évolution décisive : *Enfants du XXe siècle*, par L. Vasseur.

Eh oui, le XXe siècle a mis le temps, mais il est enfin arrivé. Le progrès a gagné définitivement, la technique est reine. L'avion, l'électricité et la T.S.F. parachèvent magnifiquement l'œuvre de la raison. On n'a qu'à lever les yeux pour voir passer les grands oiseaux de fer. Toutes les promesses de l'école et de la République ont été réalisées.

Grands magasins, grandes gares, grandes lignes aériennes : c'est l'utopie réalisée. Songez qu'en Afrique on construit maintenant le Congo-Océan !

De nouveaux héros sont nés ; non pas dans un livre mais dans la réalité : ce sont le pilote et le coureur du Tour de France. Ils tiendront le haut du pavé pendant plus de trente ans, dans le monde et dans les livres.

L. Vasseur est sans doute un des premiers à les avoir mis en scène dans un roman scolaire. Ses « enfants du XXe siècle » sont le fils et la fille de M. Pascal, un des pilotes les plus réputés de la compagnie aérienne France-Afrique. En maintes occasions, il a réussi des exploits que les journaux ont relatés. Leur cousin Gilbert s'entraîne pour le Tour de

France et sera bientôt encore plus célèbre. (Il leur manque une cousine chanteuse à la T.S.F., mais on n'en est pas encore là !) L'auteur, L. Vasseur, est exceptionnellement — pour l'époque — attentif à l'actualité. En 1935, Mermoz est un des hommes les plus populaires de France. Les avions *Arc-en-ciel, Lieutenant-de-Vaisseau-Paris, Croix-du-Sud,* rivalisent de renommée avec le nouveau paquebot *Normandie.* Les coureurs Pélissier, Lapébie, Speicher, Antonin Magne, Vietto..., trouvent déjà la faveur du public jeune et adulte.

Pour la première fois, un auteur de manuel scolaire, qui plus est directeur d'école, s'attache à observer le monde réel et parle aux enfants de ce qui les intéresse. Jusque-là, on donnait à lire aux écoliers ce qu'on estimait qu'il leur fallait savoir et admirer, pour devenir d'honnêtes gens, de bons paysans, d'habiles ouvriers et des citoyens éclairés.

Le milieu du siècle approche : la *Flèche d'azur*, l'avion de M. Pascal, qui ressemble beaucoup à l'*Arc-en-ciel* de Mermoz, est parti à la conquête du ciel. Le Tour de France cycliste marque le triomphe définitif de l'hygiène et de la gymnastique, chers aux moralistes d'avant 1914. La T.S.F. raconte presque heure par heure les hauts faits des uns et des autres. Pendant ce temps, quelques pauvres Noirs, beaucoup peut-être, vont laisser leur peau dans la construction d'un mirifique chemin de fer, au centre de l'Afrique. Même au XXe siècle, on ne fait pas d'omelette sans casser les œufs.

En France, heureusement, les problèmes sociaux sont résolus. Prenez la banlieue. Voilà un train qui ramène les gens chez eux, après une journée de dur (mais oui !) labeur. Ces privilégiés pourront goûter le calme, le repos et le grand air qui les attendent dans leur maisonnette. Que demander de plus ? Ils pourront même suivre le Tour de France à la T.S.F. !

Il va de soi que les gens sont propres, bien habillés et bien nourris. Et honnêtes, aussi, sauf accident. Il faut bien quelques crimes, par-ci, par-là, pour qu'on puisse vous raconter un procès d'assises comme si vous y étiez (ou comme si vous lisiez *Paris-Soir*). Et là, pas de prêches, les faits. L'ère des faits est commencée.

La morale est réduite au service après-vente.

Elle a été vendue pendant plus de cinquante ans. Ce fut un beau succès commercial. On ne nie pas qu'il y ait eu des aléas, des secousses et des accrocs ; mais on a fini par atteindre la quasi-perfection garantie par le prospectus. Tout tourne rond : on dira, un demi-siècle plus tard, tout baigne. Il n'y a plus qu'à surveiller la mécanique, assurer l'entretien de la tuyauterie, remplacer une pièce par-ci, par-là.

On savait déjà, par Jules Payot, que, dès cette vie, les honnêtes gens étaient au paradis. Mais le petit Jules, porté par l'enthousiasme, anticipait un peu. Enfin, 1935 est arrivé, la France est vraiment un paradis pour tous. Et pour ceux qui ne s'en contenteraient pas, il existe un éden de rechange : nos colonies, définitivement pacifiées et organisées.

N'oublions pas le principal : l'auto. L'oncle Jean vient d'en acheter une, qui ressemble beaucoup à la nouvelle 7 CV Citroën, dernier modèle. Il tire sur un bouton, appuie sur un autre, puis sur une pédale, et manœuvre un levier. Voilà comment marche désormais le monde. La voiture démarre doucement, elle semble glisser, l'oncle change de vitesse, la vieille Nanette rentre dans sa cuisine en hochant la tête, les enfants sont ravis, le moteur ronfle régulièrement.

L'avenir est commencé.

Les livres de morale les plus anciens, et certains assez récents, étaient en fait des catalogues sans fin de vertus à développer et de vices à combattre : saint Antoine n'en serait pas venu à bout. Les auteurs de « romans scolaires » ont bien compris que l'enseignement de la morale ne pouvait ressembler de près ou de loin à un tarif-album ; ils sont de meilleurs pédagogues que les compilateurs acharnés du programme.

Mais, comme le siècle avançait, ils se sont laissé griser par les promesses de la science et de la technique. Ils n'ont pas manqué, comme cela arrive toujours, de tomber d'un excès dans l'autre. Les pères Fouettard lâchant le pied, on a vu les docteurs Tant-Mieux oublier leur médecine pour chanter l'air du temps.

Eh bien, dansez maintenant.

2. Les manuels de l'avant à l'après-guerre

La guerre est passée par là. Que doit faire la France pour éviter à l'avenir de pareils malheurs ?

Tandis que la morale du roman scolaire se délitait, puis s'évaporait, les manuels restaient sur le droit chemin. Ou essayaient. Et réussissaient tant bien que mal. Même si les écoliers, pendant ce temps, couraient dans les buissons.

Il faut bien voir ceci : à l'école primaire, la morale, mêlée ou associée à l'instruction civique, parfois sous le titre d'« instruction morale », avait naturellement sa demi-heure quotidienne, ou plus tard, pour certaines classes, bi- ou tri-hebdomadaire. Cette leçon se situait en principe le matin, après l'inspection de propreté. Elle était souvent réduite à un quart d'heure, parfois oubliée à partir des années 1950, en particulier au moment de la préparation des examens.

Vers 1900, la lecture occupait de trois heures (cours moyen) à six heures (cours élémentaire). Les programmes de 1947 indiquaient trois heures et demie de lecture au cours moyen. Si l'on ajoute que les livres de lecture étaient, jusqu'à la Deuxième Guerre mondiale, lus et relus à la maison, on peut estimer que les élèves consacraient en moyenne de deux à trois fois plus de temps à la lecture qu'à la morale.

Quand ces lectures étaient essentiellement morales — le roman scolaire de la première période —, c'est huit à dix heures par semaine que l'école vouait à l'apprentissage du devoir, de la vertu et du civisme. Un peu après la Deuxième Guerre mondiale, le roman scolaire abandonné ou expurgé de la morale, l'enseignement de celle-ci se trouvait ramené à la portion congrue : une heure à une heure et demie vers 1950.

Et si la petite leçon du matin sautait pour une raison ou pour une autre, il ne restait plus rien. La morale est ainsi passée en un demi-siècle du rang d'archiduchesse de l'école à celui de parente pauvre, et même d'invitée occasionnelle.

Sans compter qu'avec le sport, le cinéma, les avions, la T. S. F. et la bombe atomique, on s'en fichait éperdument.

Les instituteurs assaisonnaient et distribuaient cette portion congrue, après l'avoir découpée dans les manuels dits de morale et d'instruction civique. En voici un, à cheval sur l'avant et l'après-guerre.

Sur le droit chemin, justement. Un beau programme : deux livres scolaires au moins portent ce titre, à la préposition près. Le second date de 1940, signé L. Leterrier et R. Bonnet, c'est un « livre de lecture et morale », destiné aux cours moyen et supérieur et aux classes élémentaires des lycées. Ni meilleur ni pire qu'un autre, avec la part d'imbécillités et d'énormités qui semble inséparable de l'exercice.

Parmi les « réflexions » proposées à la sagacité des élèves de onze à quatorze ans, beaucoup de naïvetés, pas trop de vraies sottises. Notons, par exemple :

Que préféreriez-vous :
votre situation actuelle,
ou bien être très riche mais aveugle,
être très riche mais perdre aujourd'hui votre mère,
être très riche mais très laide ?
Pourquoi ?

Ou ceci :

Des employées de magasin, dont le gain est modeste, s'offrent de la poudre, des bas de soie, des chapeaux très chers et vont tous les samedis au cinéma. Mais à midi, elles ne mangent qu'un peu de charcuterie et le soir presque rien. Que leur arrivera-t-il ? Que feriez-vous à leur place ?

En feuilletant le livre, une surprise nous attend. Voyons, le *copyright* est de 1940, l'édition de 1945 paraît inchangée... Ne se serait-il rien passé entre ces deux dates ? Le monde a-t-il tremblé ? Non... Eh bien, la guerre continuait au début de 1945, peut-être n'avait-on pas le temps de récrire un livre de morale. Les auteurs étaient peut-être prisonniers, mobilisés, déportés ? Et l'éditeur ? Tout de même un ou deux chapitres à la fin seraient les bienvenus.

L'idéal moral conçu par les adultes n'avait-il pas évolué de la débâcle à la Libération ?

Pas de chapitre, pas même une page.

Attendez... Tout de même, voici cinq ou six lignes, p. 228 : « La France a subi une défaite militaire en 1940 et a souffert durant quatre ans de l'occupation ennemie. Que doit-elle faire, selon vous, pour éviter à l'avenir de pareils malheurs ? »

Alors, messieurs les adultes, c'est tout ce que vous inspirent l'Occupation, le nazisme, son triomphe et sa chute, la collaboration et la Résistance, la déportation, le martyre des Juifs ? Pour la première fois depuis longtemps, une guerre juste et nécessaire a été livrée par un groupe de nations rassemblées contre l'empire de la haine et de la mort, et vous en tirez six lignes molles à pleurer ?

Dans vos « réflexions » du chapitre 33, vous proposez cette ânerie à la mode d'avant-guerre. « Si l'on vous disait : appuyez sur ce bouton électrique et vous allez tout à coup devenir maître d'une grande fortune, mais au même instant un sauvage inconnu de l'Océanie va périr, électrocuté par le courant, que feriez-vous ? »

Vous auriez pu écrire, chers auteurs : ... mais au même instant un Juif inconnu, déporté à Auschwitz (un parmi des millions !), va périr, asphyxié dans la chambre à gaz, que feriez-vous ?

Dans leur hâte à reprendre place sur le marché des livres, l'éditeur et les auteurs n'ont même pas pensé à enlever une citation de la page 226, pourtant bien gênante en 1945 : « Tous les Français fiers de la France ; la France fière de chaque Français ! » (Maréchal Pétain.) Si fiers que ça ? Il n'y a pas de quoi.

De 1900 à 1947, on trouve peu de changement dans la matière des programmes. En 1947, Dieu et les serviteurs ont disparu. On peut regretter que la « déclaration des devoirs », malgré sa désuétude, soit entièrement passée par profits et pertes. Elle fondait d'une certaine manière, républicaine, des obligations et contraintes, qu'il n'est pas toujours facile de justifier par la raison raisonnante.

En 1882, morale et instruction civique sont liées et imbriquées.

En 1947, on parle d'une « initiation à la vie civique », plus ou moins indépendante (mais qu'on retrouve souvent dans le livre de morale).

Il est précisé dans les Instructions officielles de 1923, que « par son caractère, par sa conduite, son langage, le maître devra être le plus persuasif des exemples ». Ce qui a toujours été entendu.

Mais on verra plus loin que la réalité n'est pas si simple. Pas si parfaite.

3. Les failles d'une morale héroïque

Épier le vice, voilà notre devoir

L'École primaire en action, de Jules Bailly et Constant Dodey, est un livre de conseils pédagogiques et pratiques, daté de 1894, et naturellement destiné aux instituteurs. Il prête parfois à sourire, par son cynisme ingénu, en morale, mais il retient souvent l'attention par sa rigueur et sa finesse, dans le domaine de l'éducation intellectuelle. C'est l'œuvre commune d'un directeur d'école et d'un inspecteur primaire. On leur pardonnera leurs gros sabots et leur ignorance crasse, car en 1894 Piaget n'était pas né et Freud venait tout juste d'inventer la « technique psychoanalytique », mais on l'ignorait dans les chaumières.

Déjà M. Yvelin s'était saisi de la carafe et se préparait à en utiliser le contenu comme un remède souverain contre la colère.

Le chapitre 34 est consacré aux défauts de l'enfant :

Nous devons épier le vice et le prévenir dans toutes ses manifestations, afin d'éviter les causes qui l'excitent. Il trouble continuellement le cœur de sa victime. Pour s'en convaincre, il suffit d'observer l'enfant que domine un mauvais penchant, par exemple celui de l'impureté. On le voit continuellement absorbé par des pensées et des désirs qu'il n'ose avouer ; il est dissimulé, rêveur et se complaît dans l'inactivité et la solitude. Il devient nonchalant et tout travail l'agace et lui déplaît ; il perd le goût de l'étude et des jeux de son âge. Sa vie est tourmentée par ce vice hideux. Tels sont les caractères de cette maladie de l'âme. Aux premiers symptômes, le maître doit agir rapidement.

Agir ? Appeler les pompiers, peut-être. Ce passage contient une rare allusion au péché que les frères, les pères et les curés pourchassent de leur côté depuis des siècles et que nos pédagogues laïques découvrent soudain avec horreur. Ainsi, il existerait un vice affreux, une maladie de l'âme qui serait la sexualité enfantine ? Le mot « symptôme » est tout à fait... symptomatique Épiez, épiez, maîtres et maîtresses, vous finirez bien par voir quelque chose !

J'imagine le physiologiste Paul Bert, au paradis, en train de lire ce paragraphe à son ami Jules Ferry. « Mon pauvre Jules, tu vois où on en est un an après ta mort. — Et huit ans après la tienne Paul. J'avoue que c'est à désespérer de la laïcité ! »

On n'en apprendra pas beaucoup plus en feuilletant les manuels du demi-siècle à venir, ceux des élèves comme ceux des maîtres. On croit comprendre que l'« impureté » est une chose si affreuse que nos saints laïques osent à peine écrire le mot. Il existe des « sentiments pervers », que l'on se garde bien de définir. Est-ce une pure et simple tartuferie ou une « maladie de l'âme », pour parler leur langage ? On peut admettre ces réticences dans l'atmosphère de rigorisme et de pruderie de la fin du XIXe. Mais après ? En 1930 et au-delà ?

Le modèle de l'éclaireur

Eh bien, on en est toujours au même point : sous-entendus murmurés la main devant la bouche, imprécations à demi-mot. On met en garde les maîtres — que l'on suppose ignorer presque tout de la vie — contre les « influences compromettantes » que peut subir l'enfant : les « mœurs du café » (?), le « spectacle malsain des passions et des vices humains », les images obscènes, les mauvais lieux, même l'« oisiveté dépravante du dimanche » (en 1935, un an avant le Front populaire !). On se croirait dans Lovecraft : la Bête rôde partout, qui menace les angéliques innocences, et elle est si horrible, tellement hors de toute expérience pédagogique, qu'on n'ose même pas écrire son nom !

Alors, faute de mieux, on continue de fustiger l'« enfant impur ». On ne dit toujours pas pourquoi et en quoi il est impur. Il faudrait écrire des mots qui... des mots..., madame, enfin !

En 1952, G. Collin, agrégé de philosophie (si, si !) commet une *Initiation à la vie morale, civique et économique*, pour les classes de 6e et 5e. Il prône la « pratique virile de toutes les vertus », la B. A. des scouts, les bienfaits de la discipline et de la propreté, l'obéissance prompte et joyeuse, la volonté d'être un garçon énergique et courageux (les filles sont sans doute dispensées par un certificat du docteur ?). Il s'étonne qu'un enfant ne se demande pas avant de lire un livre s'il sera meilleur après l'avoir lu. Un modèle, l'éclaireur, « propre dans son corps, ses pensées, ses paroles et ses actes ». Une maxime : « L'habitude de la propreté et celle de l'ordre transforment peu à peu un homme et le rendent meilleur. »

Le maréchal Pétain n'est pas mort pour rien. L'année d'avant, en 1951.

Les auteurs des livres de morales de la IIIe République n'ont pas connu, ou pas voulu connaître Freud et les bouleversements des connaissances psychologiques qui accompagnaient leurs décennies. On ne peut tout à fait leur en vouloir : ils n'étaient pas les seuls et il faut du temps pour un pareil « retour sur soi ». Mais leurs successeurs n'avaient pas cette excuse. D'autant qu'à cette indifférence de la réalité humaine, ils ajoutèrent une incroyable cécité face la vérité du colonialisme et du racisme.

Notons que le mot « racisme » a pris son sens actuel — mais pas encore toute sa force péjorative — vers 1930. Il est défini par le *Robert historique de la langue française*, à la date de 1902, comme « théorie sur la hiérarchie des races humaines ». La science du XIXe siècle, ou ceux qui prétendaient parler en son nom, considérait cette

« hiérarchie » comme un fait acquis. Gobineau et certains épigones de Darwin ont une lourde responsabilité dans ces errements. Pour les moralistes de l'école, l'affaire ne relevait en rien de la morale, puisque la science avait tranché.

Le racisme, au sens moderne du mot, était donc absolument répandu, dans la société, la culture... et l'école de la IIIe République. De bonne foi, peut-on dire.

Seuls y échappaient, plus ou moins, quelques écrivains, marginaux, comme Léon Bloy, et des militants socialistes et anarchistes. Et encore.

Les races : race blanche.
1. Arya ou Indo-Européen. 2. Juif de Russie. 3. Arabe ou Sémite.

Parmi les témoignages que les livres scolaires nous ont laissés, figure la célèbre illustration du *Tour de France par deux enfants,* qui montre les « quatre races d'hommes ».

La race blanche, « la plus parfaite des races d'hommes », nous dit-on dans la légende, habite surtout l'Europe et l'Amérique. Le spécimen que l'on nous donne à admirer est un barbu au regard profond et au large front de penseur. Les autres sont moins gâtés.

Race nègre
Malais

(Îles de la Sonde,
de Java, Sumatra,
de Borneo
et des Philippines)

Race nègre
Papouas
(Nègres d'Océanie)

La race nègre
se rencontre en Afrique
et en Océanie.

Race jaune
Chinois

(Type de race jaune,
qui comprend aussi
les Japonais, les Mongols,
les Esquimaux,
les Samoyèdes.)

La légende précise, pour la race jaune : nez aplati, paupières bridées. La race rouge : peau rougeâtre, les yeux enfoncés, le nez long et arqué. La race noire : les cheveux crépus, le nez écrasé, les lèvres épaisses, les bras très longs.

Le *Résumé d'instruction morale et civique*, de Lechantre, définit la race, en 1920 : une collection d'individus descendant des mêmes ancêtres et se ressemblant par la figure et le caractère.

Les instituteurs étaient en général assez mal à l'aise face au racisme. Quelques auteurs, instituteurs eux-mêmes ou proches d'eux, notent que tous les hommes étant des personnes morales ont droit au respect et à la liberté. Ainsi, « E. Primaire », sans doute un inspecteur (primaire), au pseudonyme transparent, écrit dans son *Manuel d'éducation morale, civique et sociale*, déjà cité, que l'exploitation des nègres et des Chinois ainsi que la violence et la tyrannie à leur égard sont « une ignominie ». Mais la plupart des livres scolaires restent discrets sur la question. Et quelques auteurs renchérissent sur l'orthodoxie républicaine, parmi lesquels Gabriel Compayré et Ernest Pérochon (prix Goncourt 1924, pour *Nêne*).

De l'éternel Compayré Gabriel, encore un extrait d'*Yvan Gall*.

> Il est vrai que, s'ils ne sont guère que le tiers de l'humanité, les Blancs, par l'ascendant de leur intelligence supérieure, par leur morale plus élevée, par leurs religions plus pures et plus nobles, par leur esprit d'invention aussi, et par la force de leurs armes perfectionnées, de leurs machines plus savantes, les Blancs sont les rois de l'univers. Ils ont colonisé toute la terre et ils exploitent toutes les parties du globe. (p. 231.)

Certes, la France est républicaine, mais l'univers, grâce à Dieu, est encore un royaume. C'est bien d'avoir la morale la plus élevée ; mais si nos religions étaient si pures et si nobles, cela valait-il la peine d'inventer la laïcité ?

On est agréablement surpris de trouver, dans *Alain Redon*, le portrait attachant d'un jeune Annamite exilé en France. Dao-Ty, loin d'être un faire-valoir pour les bons petits Blancs, vole souvent la vedette au héros. Le devoir militaire traité au minimum, le colonialisme plus ou moins escamoté : c'est quand même mieux que les dithyrambes habituels. L'auteur ne pouvait sans doute pas aller plus loin, du moins ouvertement ; mais le portrait de Dao-Ty traduit à peu près sûrement ses idées, qui relèvent d'un manichéisme fort tempéré. De tels exemples n'abondent pas dans l'immense matériel pédagogique des « hussards noirs ».

L'empire colonial, c'était le grand projet de la IIIe République. C'est Jules Ferry qui donna son essor à la politique coloniale de la France : protectorat de la Tunisie, conquête du Tonkin et du Congo, colonisation de Madagascar... Les instituteurs, ses enfants, tenaient son œuvre pour indissociable et sacrée.

À peine si le doute affleure dans les témoignages d'instituteurs de la « Belle Époque » recueillis par Jacques Ozouf.

> Quant aux conquêtes coloniales, en général, ceux avec qui j'en avais échangé quelques propos considéraient que les peuples ainsi soumis à notre autorité n'auraient qu'à y gagner : on les sortirait de leur état sauvage, on les instruirait. J'en étais convaincue moi-même... (*Nous les maîtres d'école*, Éd. Julliard, 1967, p. 189.)

Presque au même moment, un roman scolaire fut entièrement consacré à la célébration de l'empire colonial : *À travers nos colonies*, par E. Josset. On en trouve très peu d'exemplaires aujourd'hui, ce qui laisse supposer qu'il n'a pas connu un grand succès auprès des maîtres.

Un joli livre, d'ailleurs, bien fait pour plaire aux garçons épris d'aventures, dont quelques-uns lisaient peut-être Jules Verne et Thomas Mayne Reid. Il n'y manque même pas les cartes, nombreuses et soignées, et, en appendice, les renseignements utiles aux futurs émigrants, par exemple l'adresse de l'Union coloniale française, qui s'occupe, nous dit-on, d'établir des relations sûres entre les capitalistes désireux de faire un placement aux colonies et leurs futurs employés. Il est mentionné aussi deux sociétés qui s'intéressent particulièrement à l'émigration des femmes aux colonies :

« *L'Œuvre coloniale des femmes françaises* »

« *La Société d'émigration des femmes.* »

On est en pleine propagande, bien loin de l'idée qu'on se fait en général de l'« école de Jules Ferry ».

La préface s'ouvre sur un constat : la plupart de nos colonies viennent à peine de naître. Elles nous coûtent maintenant de l'argent, mais pourront devenir une source de richesses quand nous voudrons les exploiter. Et Eugène Josset, de conclure : « Puisse la lecture de ce livre détourner un certain nombre de jeunes Français des professions encombrées, pour les orienter vers la marine et les colonies. »

La morale semble, à la première lecture, assez peu présente dans ces pages. Mais elle est tout entière sous-entendue : ce que nous faisons aux colonies est une œuvre civilisatrice. Coloniser, c'est fondre deux peuples en un par la saine (la sainte) influence de la civilisation.

En somme, c'est le BIEN. Nous sommes porteurs du bien, sous toutes ses formes. Le mal, ce sont nos faiblesses, nos erreurs, le manque de goût des Français pour la colonisation. Heureusement, les choses sont en train de changer.

Les Français vont devenir de vrais colonisateurs, pour peu que l'école les aide. Hardi, petits écoliers, le monde vous attend.

4. Une morale de punition

Comment enseigner une morale, ses œuvres et ses vertus, sans condamner et punir ceux qui s'en écartent ?

Il semble que ce soit là que le bât nous blesse aujourd'hui, dans une évidence et une cohérence que nous avons du mal à assumer : il n'y a pas d'éducation morale sans contrainte ni punitions.

Nos bons anciens avaient un atout : ils ne s'embarrassaient pas de subtilités psychologiques. Ils s'appuyaient sur des certitudes immémoriales et savaient reconnaître les méchants au premier coup d'œil. Mieux encore : les conditions sociales, celles des enfants comme celles des parents, ne constituaient jamais une excuse à leurs yeux, puisque l'école était précisément là pour transformer la société en changeant les futurs citoyens. Enfin, la personne qui détenait l'autorité morale était exemplaire, par le fait qu'elle représentait et la République et l'avenir. Cette grâce l'autorisait non seulement à enseigner et éduquer mais, en toute justice, à châtier.

Quel enseignant pourrait aujourd'hui se poser ainsi en modèle sans soulever dans sa classe une tempête de rires ?

Nous nous sommes, à la fin du XXe siècle, livrés collectivement à un passionnant exercice de reconnaissance de la complexité de l'être humain. Cela nous rend humbles, mais tend aussi à nous épuiser d'être nous-mêmes. Punir pouvait apparaître autrefois comme l'unique moyen d'éduquer ; ce n'est désormais qu'une option parmi d'autres et une responsabilité à assumer...

Pour les maîtres de jadis, la punition comportait de multiples fonctions avantageuses. Elle possédait une efficacité certaine, car elle était relayée par toute une société qui, dans sa grande majorité, l'intégrait comme un mécanisme humain indispensable. Celui que la sanction laissait de glace n'était qu'un anormal irrécupérable. De plus, posséder le droit de punir était (est toujours, d'ailleurs) l'expression même du pouvoir. Ainsi donc, d'une certaine façon, la morale était bel et bien au pouvoir...

Aujourd'hui, nous sommes prompts à dénoncer l'absence de morale des pouvoirs, et en même temps à discuter chaque expression du pouvoir qui se réclame d'une « morale ». Il est bien logique qu'en fin de compte tous les châtiments nous répugnent.

Ceux que l'école infligeait autrefois aux enfants nous semblent bien souvent absurdes, excessifs et insultants.

Et le pire, n'est-ce pas aussi que l'effet pédagogique de la punition s'estompe dès que la menace s'éloigne ?

Ah, qu'il est difficile de séparer le bon grain de l'ivraie !

L'école de la IIIe République croyait à la liberté comme au devoir. La liberté donne le choix entre le bien et le mal. Beaucoup de moralistes laïques estimaient que l'enfant était capable de *choisir* dès un très jeune âge. Dans *La Morale à l'école* (1re éd. vers 1910), Jules Payot ne mâche pas ses mots, quand il nous décrit l'« enfant mauvais » :

> Il est sournois, hypocrite, menteur ; il brutalise ses camarades plus faibles ; jamais il ne vient en aide à sa mère ; il est gourmand, coléreux, envieux, paresseux. Hélas ! il fera plus tard un méchant homme : il est sur le mauvais versant, il a mal choisi !

Et plus loin, l'auteur nous explique que l'ivrogne, le paresseux, le mendiant, le mauvais père, le mauvais citoyen, le mauvais Français et, pour finir en beauté, l'escroc et le meurtrier « ont mal choisi étant enfants ». Naturellement, tous les auteurs ne défendaient pas cette thèse sans nuance. Jules Payot était un enragé, un jeteur d'anathèmes.

Toutefois, on admettait généralement que l'individu devenait responsable de son destin dès l'âge de raison, que l'on fixait vers huit ans en 1900. Mais on accordait à l'enfant, environ jusqu'à l'âge du certificat, des circonstances atténuantes et des chances de rédemption. On l'aidait par les leçons de morale et, bien sûr, les punitions et la trop fameuse maison de correction appelée plus tard de redressement.

Tout pâle, tremblant,
il n'osait lever les yeux.

— Oh, je ne tricherai plus, non !
ni en classe ni au jeu !

De ces « maisons », on parlait peu dans les livres. On les jugeait certes utiles : dernière station avant l'échafaud. Mais on n'en était pas fier. Pourtant la menace planait sur tous les garçons. Les instituteurs exécraient une institution qui consacrait leur échec, même s'ils l'estimaient nécessaire, la mort dans l'âme. Beaucoup de parents abusaient de l'intimidation. Ces « maisons », qui étaient plus ou moins des prisons d'enfants, inspiraient une crainte parfois proche de la terreur.

Les « enfants mauvais », autrement dit les fortes têtes, étaient-ils dissuadés par la peur de la maison de correction ? Non, sans doute. Mais les faibles, les indécis, qui auraient pu être tentés de suivre les meneurs dans leurs entreprises, avaient là un pense-bête ou une corde de rappel pour se retenir sur la mauvaise pente. Ce n'était pas rien.

En revanche, certains timides, quelques rêveurs inoffensifs, vivaient dans une peur constante, paralysante, destructrice (pas loin de ressembler à la peur de l'enfer entretenue par les religieux).

Et puis, tout en haut du système répressif, trônait la peine capitale. Il y avait le bagne, puis la guillotine. « Tu finiras sur l'échafaud ! » disait-on couramment aux mauvais sujets.

Les prisons de filles, on n'en parlait pas, sauf dans la rubrique des faits divers, que l'école abominait. La société en avait vraiment honte : le sable manquait pour se cacher la tête, surtout qu'elle était grosse. Et puis les filles semblaient quantité négligeable et inoffensives... Inoffensives, sauf dans un certain domaine, qu'il valait mieux taire, chut, et que les enfants étaient censés ignorer. D'ailleurs, cela relevait de la médecine plus que de la morale.

On avait assez à faire pour mater les garçons.

Les punitions... Quelles punitions ?

Aux temps héroïques, il y eut des auteurs pour prétendre que la plus cruelle punition était le remords : l'enfant qui agit mal sait qu'il trahit un devoir et qu'il se dégrade. On n'est pas loin de Victor Hugo : l'œil était dans l'ombre et regardait Julot.

C'est grand, c'est beau ; mais les polissons et les chipies ne sont pas toujours accessibles au remords ; les vrais voyous encore moins.

Que se passait-il en réalité ?

On se souvient que, même interdites, les sanctions destinées à humilier et briser étaient d'usage courant dans les écoles, jusqu'en 1914, et encore, parfois jusqu'à la Deuxième Guerre, plus rarement au-delà. Aucune liste ne sera jamais exhaustive, car on ne cessait d'innover et de perfectionner les techniques anciennes. Citons pour mémoire : fessées, agenouillement prolongé, sur le sol ou le parquet, ou bien, joli raffinement, sur des bouts de bois triangulaires, des grains de toute sorte..., bras étendus en croix, tiraillement d'oreilles et de cheveux... Ne parlons même pas des gifles, qui sont plus un mouvement d'humeur qu'une vraie punition. Et il y eut aussi le très illustre bonnet d'âne, le banc ou l'écriteau de déshonneur.

Les maîtres qui recouraient à ces pratiques — et il n'en manquait pas — se référaient-ils à une vérité philosophique selon laquelle la perversité serait naturelle chez l'enfant ? Sans doute quelques-uns ; les autres régnaient par la crainte, sinon la terreur, faute de pouvoir autrement exercer leur métier.

Enfant en pénitence.

Quelques anciens, écoliers des années 1930-1940, se souviennent d'avoir porté le bonnet d'âne ou vu certains de leurs camarades affublés de ce couvre-chef pour le moins disgracieux.

Ils en ont gardé en général une amertume indélébile, un sentiment d'injustice et parfois de mépris.

Le bonnet d'âne, on en conviendra, était une grosse ânerie.

Voici une anecdote, tirée des souvenirs d'un instituteur[1].

Au milieu des années 1950, ce jeune homme débutait comme remplaçant dans une classe unique de campagne.

« Une armoire, au fond de la classe, abritait la bibliothèque scolaire, réduite à quelques volumes. Là, il découvrit, sous le rayonnage des romans d'aventures, trois petites boîtes, marquées "savon Agnel", "pastilles Wybert" et "cire Johnson". L'une contenait du maïs cassé, l'autre du blé, la troisième du sarrasin. Sans soupçon, innocent, il en prit une et la montra aux élèves des premiers rangs qui rangeaient leurs affaires car c'était midi.

— À quoi sert ce grain ?

Les têtes se détournèrent ou les fronts se baissèrent. Mais une fille de quatorze ans, appelons-la Christine, dressa son cou de cygne et leva ses grands yeux.

— C'est pour mettre à genoux les punis, monsieur.

Pierrette confirma d'un battement de cils. Alice dissimula sa bouche derrière sa main. Les garçons semblaient prêts à passer sous les tables. Le remplaçant béait devant l'armoire, sa boîte de pastilles dans la main. Christine le rejoignit, sûre d'elle, mince et élégante dans son tablier rose qui bouffait sur sa poitrine et tombait à la juste hauteur sur ses longues jambes. Indulgence et astuce se mêlaient dans son regard.

---

1. Michel Jeury, *Le Soir du vent fou*. Robert Laffont, 1991.

Elle lui prit des mains la boîte de blé et se tourna vers les autres.

— Qui vient faire la démonstration ?

Deux garçons se levèrent. Nommons-les Jean-Jean et Pierre-Pierre, visiblement des habitués de la petite séance. L'instituteur se laissa enlever la boîte et la chipie pointa l'index sur Jean-Jean. "Toi !" Le garçon fourragea dans ses boucles noires et se dandina jusqu'au tableau, plutôt content d'être le point de mire de ses copains. Christine se pencha pour répandre une traînée de blé. Puis elle posa la main sur l'épaule de Jean-Jean et le força à s'agenouiller.

Le garçon se déhancha pour prendre la posture, en s'assurant d'un coup d'œil que tout le monde avait les yeux fixés sur lui. Il secoua les doigts et geignit un peu. "Ouille ! Ouille !" L'instituteur voulait bien croire que c'était douloureux ; il en avait des frissons dans le dos et les dents qui grinçaient.

Christine considérait Jean-Jean comme s'il était un animal rétif qu'elle eût dompté d'un seul geste. Puis elle se retourna vers le remplaçant et lui décocha un sourire de triomphe. »

La méthode était-elle efficace ? Tout le monde conviendra qu'elle était cruelle, indigne et abominable — mais efficace ? L'instituteur, devenu vieux, bardé d'expérience et d'incertitude, se le demande encore.

Ces Canaques sont donc bien méchants ?

Ces Canaques sont donc bien méchants ? — Ce sont des sauvages, voilà tout. Ils auraient grand besoin d'être civilisés. Malheureusement, ils préfèrent vivre à l'écart.

À travers nos colonies, par E. Josset, *op. cit.*

Supprimer les frontières ! mais aussitôt la France se couvrirait d'un ramassis d'étrangers, avides de fouler son sol sacré, de respirer son air vivifiant, de jouir de son climat, de ses richesses, de l'exploiter dans le plus mauvais sens du mot.

Et lorsque tous ces vampires exotiques l'auraient saignée à blanc, sucée jusqu'aux moelles, la *fraternité des peuples* se traduirait par des étreintes mortelles, des luttes effroyables, des calamités que l'imagination n'ose concevoir. Ce serait du propre, en vérité !

De tout un peu. Lecture courante, cours moyen,
par J.-B. Tartière. Librairie Larousse.
Paris, vers 1900.

Toutes les parcelles du domaine colonial doivent être sacrées pour nous, parce que c'est un legs du passé, une ressource pour l'avenir. (Jules Ferry.)

Jean Lavenir. Livre de lectures courantes,
par Édouard Petit et Georges Lamy, *op. cit.*

Quand la République de 1848 abolit l'esclavage dans nos colonies, elle leur porta un coup terrible. Les nègres quittèrent en foule les plantations et se livrèrent avec volupté à leur paresse naturelle.

À travers nos colonies, par E. Josset, *op. cit.*

Toucher aux choses de la religion, ce serait le plus sûr moyen de soulever contre nous tous les musulmans. Au contraire, nous cherchons à attirer à nous certains ordres religieux qui, jaloux de leurs rivaux, ne reculent pas devant une alliance avec les chrétiens. Cependant, amies ou ennemies, ces confréries ne peuvent être pour nous, gens civilisés, qu'un objet de mépris, car leurs pratiques ont pour résultat d'abâtardir un peuple que nous ne désespérons pas d'arracher à la barbarie.

À travers nos colonies, par E. Josset, *op. cit.*

La colonisation est pour la France une question de vie ou de mort : ou la France deviendra une grande puissance africaine, ou, dans un siècle ou deux, elle ne sera plus qu'une nation secondaire. (P. Leroy-Beaulieu.)

Jean Lavenir. Livre de lectures courantes, par Édouard Petit et Georges Lamy, *op. cit.*

Depuis cette époque, bien des insurrections partielles éclatèrent en Algérie ; elles furent promptement réprimées. Aujourd'hui l'Algérie est complètement pacifiée et se relève des ruines que des siècles de barbarie y ont accumulées ; mais n'oubliez pas, mes enfants, au prix de quels efforts, de quels sacrifices, notre civilisation a pu répandre ses bienfaits sur ce pays, si largement arrosé de sang français.

À travers nos colonies., par E. Josset, *op. cit.*

Les nations sans colonies sont des nations mortes, étant des ruches qui n'essaiment pas. (Francis Garnier.)

Jean Lavenir. Livre de lectures courantes, par Édouard Petit et Georges Lamy, *op. cit.*

Exercice. Portrait de Bambouno. — Bambouno était un... Sa peau était aussi ... qu'une nuit. Il avait de... lèvres ; ses cheveux étaient... Le blanc de ses... et ses dents éclairaient son... Les dents de Bambouno étaient...

Contes des cent un matins. Livre de lecture, cours élémentaire et cours moyen, par Ernest Pérochon. Librairie Delagrave. Paris, 1943.

Il se nommait Babu. Bien que né aux États-Unis, dans l'État de Pennsylvanie, il représentait le plus beau type de nègre africain qui fût : tête ronde, nez écrasé. Sa bouche lippue semblait toujours faire la moue, et il montrait de bons yeux doux et tendres de gros chien qui, réalisant sa force, n'en use jamais pour faire du mal.

Au fil de l'aventure. Roman scolaire pour le cours du certificat d'études, par Simone Saint-Clair et M. Noury. Librairie Classique Eugène Belin, 1939.

Nous assistons à un spectacle étrange et saisissant : ce n'est rien moins que le partage du monde entre les nations maritimes de l'Europe. Encore quelques années, et il ne restera pas un îlot, pas une embouchure de fleuve si marécageuse qu'elle soit, qui n'appartienne à quelque puissance européenne.

Il était temps que la France s'en mêlât si elle voulait avoir sa part ! Pour peu que nous eussions attendu, la Tunisie serait peut-être aux Italiens, le Niger aux Anglais, le Congo aux Belges ou aux Anglais, Madagascar aux Anglais ou aux Allemands, le Tonkin aux Allemands ou aux Espagnols.

La Lecture hebdomadaire, par J. Dutilleul et A. Ramé, *op. cit.*

La figure de White eut une drôle d'expression. Son sourire transformait sa physionomie en un masque un peu simiesque. [...]

« Massa, massa ! » s'écria-t-il. Note : Massa, « monsieur » prononcé par un nègre.

Au fil de l'aventure, par Simone Saint-Clair et M. Noury, *op. cit.*

Un affreux Chinois nous adresse la parole dans un français impossible et nous force par d'irrésistibles agaceries à pénétrer dans la boutique.

Au fil de l'aventure, par Simone Saint-Clair et M. Noury, *op. cit.*

Traversez les mers, émigrez, soyez colons. Les terres fertiles ne manqueront pas à vos bras vigoureux : elles vous procureront l'aisance et le bonheur.

Nos causeries, par Mme J. Guiot
et Fr. Mane, *op. cit.*

Nos colonies devraient être le rendez-vous de toutes les familles laborieuses, à qui la destinée n'a pas donné de ressources suffisantes pour vivre sans trop de difficultés dans la mère patrie.

Jean Lavenir. Livre de lectures courantes,
par Édouard Petit et Georges Lamy, *op. cit.*

Petits Kabyles, fils de vaincus, ne maudissez pas vos vainqueurs : vous n'êtes les sujets d'aucun homme, vous faites partie de la France qui veut votre bien.

Tant que nos lointains ancêtres furent réduits à se défendre contre la férocité des grands carnassiers, ils furent condamnés par la nécessité à vivre dans une sorte d'abrutissement.

Comme une mère dans un de ses derniers fils, elle place en vous une de ses plus chères espérances. Petits Kabyles, nous vous aimons pour que vous nous aimiez.

Jean Lavenir. Livre de lectures courantes,
par Édouard Petit et Georges Lamy, *op. cit.*

Je crois que l'homme est appelé à la sainteté, parce que je ne puis pas prendre un seul instant connaissance de moi-même sans me sentir appelé à la perfection. (F. Pécaut.)

Manuel d'éducation morale, civique et sociale,
par E. Primaire, *op. cit.*

Nous approcherions vite de la perfection, a dit quelqu'un, si nous détestions les petites fautes de chaque jour.

Manuel d'éducation morale, civique et sociale,
par E. Primaire, *op. cit.*

Ensuite, quand tu auras établi le bilan exact de tes ressources et de tes faiblesses, mets-toi courageusement au travail pour sculpter ta statue, comme disaient les anciens.

Initiation à la vie morale, civique et économique,
par G. Collin, *op. cit.*

La vie est belle quand la conscience est satisfaite. L'École du Devoir est vraiment l'École du Bonheur.

L'École du bonheur, par Mme Foulon-Lefranc
et G. Laurent, *op. cit.*

Votre conscience s'est ainsi formée peu à peu, si bien qu'aujourd'hui, sans surveillance, vous n'avez qu'à écouter la voix de votre conscience pour savoir où est votre devoir. Résolution : J'écouterai toujours la voix de ma conscience.

L'Enseignement de la morale,
par René Doquet, *op. cit.*

L'héroïsme, a-t-on pu dire, se ramène toujours à l'exercice scrupuleux d'un métier dans les circonstances difficiles.

Morale, instruction civique, travail. Classe de 4e,
par A. Souché, *op. cit.*

Toi, ajoute à ton compte quelques efforts énergiques, et, tranquillement, tu achèveras l'ascension du sommet d'où l'horizon est vaste. (Jules Payot.)

Morale, instruction civique, travail. Classe de 4e,
par A. Souché, *op. cit.*

La sœur aînée qui ne se marie pas pour vivre avec un frère infirme et désagréable est une héroïne. Le serviteur qui, sans gages, soigne un maître devenu pauvre, acariâtre et malade, est un héros.

L'Éducation morale et civique à l'école,
par Brémond et Moustier, *op. cit.*

Dans les quartiers populeux de nos grandes villes, dans nos squares et nos promenades, on voit des fillettes de neuf à onze ans veillant consciencieusement sur deux, trois petits frères à la fois.

Le devoir nous ordonne de nous résigner ; si une mère perd son enfant unique, qu'elle s'intéresse à des enfants orphelins ou abandonnés : il n'en manque pas...

La Morale à l'école , par Jules Payot, *op. cit.*

Rien n'arrête les cœurs vaillants ; ils suivent leur chemin sans se soucier des dangers qu'ils peuvent courir ; ils vont sans faiblesse où le devoir les appelle. Si le sort leur est funeste ; s'ils tombent en route, gloire à eux ! ce sont des victimes du devoir : ils meurent au champ d'honneur.

Jean Lavenir. Livre de lectures courantes,
par Édouard Petit et Georges Lamy, *op. cit.*

Il en sera de vous comme de la civilisation humaine, enfants : vous ne vous élèverez et ne vous maintiendrez que par l'effort : effort en classe, effort chez vous, effort à l'atelier, effort partout. Vous êtes nés pour l'effort, comme l'oiseau pour le vol.

Par l'effort. Livre de lecture courante
pour aider à la formation de la volonté.
Cours moyen, par M. Guéchot.
Librairie Hachette et Cie. Paris, 1909.

Vous devez combattre en vous : la sensualité, qui ferait de vous des gourmands, des ivrognes ou des débauchés ; la paresse, qui ferait de vous des êtres inutiles aux autres, à charge à eux-mêmes ; l'égoïsme et la vanité, qui vous feraient détester ; l'envie, qui vous rendrait malheureux et odieux ; la colère et la haine, qui vous pousseraient à toutes sortes d'actions mauvaises.

La Première Année d'instruction morale et civique,
par Pierre Laloi. Librairie classique
Armand Colin et Cie, 1885.

Il y a trois sortes d'ignorance : ne savoir rien, savoir mal ce qu'on sait, savoir autre chose que ce qu'on doit savoir.

L'Enseignement de la morale,
par René Doquet, *op. cit.*

Quand le corps va commencer, dans quelques jours, à pourrir dans la terre, le gourmand et le sensuel comprennent combien ils ont été stupides de lui sacrifier le reste.

La Morale à l'école, par Jules Payot, *op. cit.*

Composition de morale. Portrait, aux différents âges de la vie, de Jacques, l'honnête homme qui doit ses succès à ses talents.

Plan : Début. — Nos meilleurs protecteurs sont nos talents, telle est la maxime de Jacques, l'honnête homme.

1. Jacques écolier. — Travailleur acharné : ne copie ni ses devoirs ni ses compostions. Résultat : élève parfait.

2. Jacques homme. — Esprit droit et laborieux. Résultat : situation honorable acquise.

3. Jacques élu du peuple. — Sa scrupuleuse honnêteté. Résultat, tout le monde le révère.

Conclusion. — Jacques est l'homme de bien : il a une âme vraiment républicaine.

Nos causeries, par Mme J. Guiot
et Fr. Mane, *op. cit.*

Je ne fréquenterai jamais les mauvais enfants qui pensent toujours à faire mal. Au contraire, je rechercherai la compagnie des enfants polis et bien élevés ; je les imiterai dans leur langage et dans leurs manières, car on dit souvent : qui s'assemble se ressemble.

L'Enseignement de la morale,
par René Doquet, *op. cit.*

La politesse.

« Voilà donc ce qui vous arrive pour n'avoir pas suivi les exemples de votre père et pour n'avoir pas retenu les leçons données à votre enfance : vous vous êtes livré à la fainéantise, vous avez été entraîné par le vice, et maintenant vous voilà devant la justice des hommes, qui vous châtiera. Honte à vous ! exemple aux autres ! »

Et le jeune homme pleurait ; mais la justice des hommes ne se laisse pas attendrir par les pleurs : et bientôt la voix sévère du juge a prononcé *cinq ans de prison.*

Cinq ans de prison, enfermé derrière des grilles de fer, ne voyant que le ciel et les murailles du cachot ! cinq ans de honte et d'infamie !

Premier Livre de l'adolescence,
par M. Delapalme, *op. cit.*

Que pensez-vous du malheureux qui s'est adonné au vice ? Peut-on espérer le ramener dans la bonne voie ? Comment convient-il de s'y prendre ?

Jean Lavenir. Livre de lectures courantes,
par Édouard Petit et Georges Lamy, *op. cit.*

La cour d'assises.

La cour d'assises est un tribunal qui siège dans chaque département pour juger les crimes, les fautes très graves comme les assassinats. Elle se compose d'un jury de douze jurés, simples citoyens, et de trois juges qui condamnent ou acquittent l'accusé selon le verdict du jury.

Les crimes sont punis de la mort, des travaux forcés, de la détention dans une forteresse, de la réclusion dans une maison de force ou de la déportation hors de France.

Maxime : Le crime est toujours obligé de mentir. L'innocence jamais.

Résumé d'instruction morale et civique,
par F. Lechantre, *op. cit.*

CHAPITRE V

Le déclin et le retour aux sources

Mais la morale n'est pas tout, et elle n'est pas l'essentiel. Elle ne sait que commander — et qui se contenterait d'obéir ? Elle ne sait dire ordinairement que non — et qui n'a besoin de dire oui ? Elle est faite surtout de devoirs — et qui ne préfère l'amour et la liberté ? »

Luc Ferry et André Comte-Sponville,
La Sagesse des modernes. Robert Laffont, 1998.

Après la Seconde Guerre mondiale, l'enseignement traditionnel de l'éducation civique court encore sur son erre pendant une brève décennie. Mais le cœur n'y est plus. L'exemplarité dont elle se réclame est difficile à maintenir, et personne ne croit plus à l'avènement du « nouvel homme » qui devait naître par la République et l'école.

Les exigences anciennes s'estompent et d'autres s'éveillent. Une époque va commencer où l'individualisme primera sur la solidarité.

Le phénomène qu'on a vu s'amorcer avec le roman *Enfants du* XXe *siècle* se précise et s'accentue. L'idéal du progrès technique devient un idéal de consommation qui replace la morale dans un rôle nouveau pour l'individu.

1. Drôle de morale...

La morale de l'école, inspirée par l'« idéologie républicaine » et solidaire d'une certaine « utopie progressiste », présentait plusieurs failles ou incohérences, qui ne sont pas pour rien dans sa décadence et son affaissement. On peut recenser les plus évidentes, sans prétendre à l'exhaustivité.

La place de la femme. Les moralistes de l'école voient bien que leur sacro-saint progrès devrait changer la place et la condition de la femme ; mais ce changement-là les révulse, et ils sont incapables, sauf exception, d'aller jusqu'au bout de leur logique.

L'argent, au sens large. L'école hésite à ce sujet ; une forte tendance à l'austérité incite à traiter la richesse par le mépris : quand on a le nécessaire, c'est-à-dire peu ou prou un toit et du pain, qu'a-t-on besoin de plus ? D'ailleurs, les ouvriers, s'ils ne boivent pas, sont plus heureux que les riches. Mais, d'un autre côté, on veut promouvoir l'économie, l'épargne, et il faut bien aussi appâter le gogo ; alors, on s'acharne à prouver qu'en mettant de côté un sou tous les jours, en éteignant une chandelle sur deux et en ramassant les bouts de ficelle, on est presque assuré d'arriver à la fortune.

La « vie à la campagne » traditionnelle est condamnée par le progrès scientifique et technique. Nos moralistes le savent. D'ailleurs, un de leurs maîtres à penser, Marcellin Berthelot, se plaît à l'annoncer dans son fameux discours sur le « monde en l'an 2000 » (1894). Mais leur puritanisme est gravement offensé par certains aspects prévisibles de ce monde, qu'ils ne peuvent accepter ; et ils continuent de vanter très haut la simplicité, la sérénité et l'intégrité de la vie paysanne.

Nous l'avons vu au chapitre précédent : la rigueur inflexible de la morale qu'elle enseignait n'a pas empêché l'école républicaine de s'embourber dans l'apologie de l'aventure coloniale. De même, malgré sa foi dans le progrès scientifique, elle n'a, très longtemps, rien voulu savoir de la psychologie moderne.

Enfin, l'école laïque n'a cessé de zigzaguer entre les crispations de la « morale kantienne ». Elle n'est pas la seule : les philosophes débattent toujours de certains cas de conscience. Mais cette indécision a contribué à miner de l'intérieur une morale toujours à la recherche d'un impossible équilibre entre la théorie et la pratique.

Pour Kant, le devoir de dire la vérité s'impose dans tous les cas, sans exception, même quand elle risque de causer un grave dommage à autrui ou à la cause que l'on défend. Il ajoute qu'on doit tout faire pour empêcher le dommage... sans renoncer à la vérité. Il n'y a pas de droit au mensonge, même pour sauver une vie — ou cent vies.

« Drôle de morale, écrit André Comte-Sponville dans *La Sagesse des modernes*, qui se soucie de l'autre comme d'une guigne — qui met la loi plus haut que l'humanité ! » Et A. Comte-Sponville, s'adressant au lecteur, envisage le cas d'un agent de la Gestapo dans la France occupée, entre 1940 et 1944 : « Il vous demande si vous ne connaissez pas autour de vous des Juifs, des résistants, des terroristes... [...] Comment résister sans mentir à la Gestapo ? » On voit bien que le rigorisme kantien conduit à une abomination[1].

Le dilemme n'est guère évoqué dans les manuels scolaires.

Cependant, Joseph Cressot effleure la question dans un livre assez récent[2]... pour l'escamoter aussitôt.

---

1. La pensée de Kant peut être entendue différemment. Nous avons choisi l'interprétation qui correspond à la rigidité de la morale scolaire.

2. *L'Éducation morale à l'école primaire.* Librairie Istra, 3e édition, 1961.

« Il arrivera même parfois que nous devrons cacher la vérité : on ne dit pas à un malade qu'il est perdu, à un camarade qu'il est laid ou qu'il est sot. La prudence et la charité le défendent ; d'ailleurs personne ne traitera de menteur le brave cœur qui veut encourager et consoler. »

Pourtant, Marie Robert Halt, auteur du célèbre *Suzette*, ose affronter le débat dans un livre de lectures pour les jeunes filles des cours supérieur et complémentaire, *Le Droit Chemin* (1905). Au mot « ruse » de son appendice alphabétique, elle écrit :

« La ruse, c'est-à-dire la faculté d'inventer des moyens détournés d'arriver à un but qui nous est avantageux, a son origine dans la lutte du faible contre le fort, ainsi que dans l'état de guerre que cette lutte entretient entre les êtres vivants. » Elle cite le cas du lièvre, de l'araignée, du moucheron, du renard et des hommes, qui tiennent à l'occasion tous ces rôles à la fois, car la ruse fait partie de la guerre même. Ainsi, dit-elle, admirait-on les guerriers de Sparte, habiles en artifices. « On appelle pieuse ruse celle qui vise à défendre un droit sacré. »

Il faut noter que l'observation a été faite à l'article « ruse » et non à l'article « mensonge ». Mme Robert Halt sentait bien qu'elle manipulait de la dynamite. Sa conclusion mérite d'être citée intégralement.

Cependant, la morale réprouve la ruse comme une action lâche et mensongère, conduisant à la tromperie ; et il n'y pas deux morales, l'une pour la paix, l'autre pour la guerre. D'où il faut conclure que l'état de guerre, le seul qui puisse rendre la ruse légitime, est un état immoral qui doit cesser un jour. (Voir *Guerre.*) La ruse n'aurait plus de raison d'être si tous les hommes devenaient justes et bons. Veillons donc sur nous-mêmes et conformons nos actes à la morale ; nous travaillons ainsi au bien de l'humanité et nous avançons le règne de la paix.

En somme, la guerre est mauvaise pas tant à cause des souffrances qu'elle provoque, mais parce qu'elle oblige à mentir !

Et d'ailleurs, si tous les hommes devenaient justes et bons, nous vivrions dans un monde de justice et de bonté. La tautologie dans sa splendeur innocente.

Marie Robert Halt est plus fine et plus franche que ses confrères masculins ; mais elle se tire de la difficulté par une démonstration acrobatique et, au final, par une vertigineuse pirouette. On voudrait une preuve que cette morale était intenable, on n'en trouverait pas de meilleure.

2. Le dépôt de bilan

L'Éducation morale à l'école primaire, de Joseph Cressot, fut un des livres de morale les plus utilisés autour du demi-siècle. Excellent, d'un point de vue technique, il mérite un intérêt particulier, car on peut penser, compte tenu de la position hiérarchique de l'auteur, qu'il représentait, comme Compayré en son temps, la doctrine officielle

J. Cressot s'est fait connaître par un récit autobiographique, *Le Pain au lièvre*, paru en 1943, où il raconte son enfance dans un village de la Haute-Marne, vers 1900. Il offre aux observateurs de l'« ascenseur social » un exemple comme on en voit peu. Issu d'une pauvre famille paysanne, il devient instituteur, puis directeur d'école, directeur d'école normale, inspecteur général de l'Instruction publique... Et, naturellement, il écrit des manuels scolaires !

Il ouvre son « avertissement » de la première édition sur un état d'âme fréquent à l'époque. « Ce petit livre a été composé dans le sentiment qu'il est bien difficile d'écrire *pour* des enfants, et surtout pour *moraliser* des enfants. »

Cet aveu d'impuissance sonne le glas de l'enseignement moral traditionnel.

Notre inspecteur général prétend, humblement, proposer aux enfants des vertus d'enfants, car celles des hommes leur sont inaccessibles. Certes. L'humanité vient de vivre une période hautement vertueuse : on ne voit pas comment de pauvres gosses pourraient s'élever à tant de grandeur.

On va donc parler aux enfants une langue d'enfants, pour les aider à bien vivre leur vie d'enfants. Il accéderont ainsi à la sagesse de l'âge adulte. Ça, c'est de la pédagogie. Nos I.U.F.M. en pâliraient de jalousie !

J. Cressot gémit : « [...] on sent combien l'*homme* a de peine à imaginer l'*enfant*... » Disons : les hommes qui ont la formation et la déformation de M. l'inspecteur ont beaucoup de peine à imaginer l'homme réel, celui que nous ont révélé la psychologie et la philosophie modernes, avec Freud et Sartre.

Insistons encore sur ce fait. Cette génération de penseurs a toujours voulu ignorer la psychanalyse et l'existentialisme et, d'ailleurs, tout ce qui débordait l'horizon scientiste de la Belle Époque.

Les bons enfants obéissent avant l'ordre

Dans l'« avertissement » de la troisième édition, Joseph Cressot affiche un fatalisme un peu désespéré et une usure sans remède.

« En relisant ces pages écrites il y a dix ans, nous n'avons pas trouvé qu'il y eût rien à y retrancher : les réalités et les règles de la vie morale ne changent pas.

« Mais après avoir vécu les années tragiques de cette nouvelle guerre, après les angoisses du début, la douleur de la défaite, l'étouffement qui l'a suivie, tant de souffrances de toutes sortes, après les espoirs et les joies de la délivrance, en face des besognes du présent et de l'avenir, il est impossible de parler aux enfants comme si tout cela n'avait pas été, comme si l'on avait continué à vivre dans la quiétude, même menacée, de l'entre-deux-guerres. »

Certes, mais comment allons-nous donc leur parler ?

Le moraliste brandit une trouvaille, d'une surprenante nouveauté. Il faut, nous dit-il, tout frémissant, faire appel à une éducation plus virile. Virile, hein ? G. Collin nous dit la même chose. La morale scolaire a bien du mal à sortir des ses sempiternelles obsessions.

Oui, un appel quasi héroïque aux exigences de la liberté et aux vertus du travail. Les deux vont bien ensemble, n'est-ce pas, puisque le travail rend libre !

Sans oublier l'entente sociale dans la justice et la fraternité.

Le joli prêche.

On croit comprendre qu'il s'agit de revenir à 1900 et de taper encore plus fort, par un recours furieux aux exigences de ceci et aux vertus de cela. Et par-dessus tout le travail. « Retroussons nos manches », disait Maurice Thorez un peu plus tôt : ce fut fait et bien fait. La reconstruction du pays a été une réussite de la IVe République, et le « moral » retrouvé y contribua plus que la morale éternelle.

J. Cressot l'écrit lui-même (p. 56) : « Retroussons nos manches et travaillons, chacun à notre place, à la propreté des gens et des choses de France. » Trémolo vichyste ? Mais non, l'obsession de la propreté, chez l'auteur du *Pain au lièvre*, nous ramène plutôt à l'avant 1914. Si vous respectez la propreté publique, dit-il aux chers écoliers, vous serez vraiment des hommes. Pas de bons enfants, mais de vrais hommes. Et il remarque plus loin, avec un gros soupir, que la propreté a eu, hélas, bien à souffrir de ces longues années d'épreuves. « La guerre apporte toujours avec elle le désordre et la saleté (p. 56). » C'était sale, Auschwitz ?

En observant l'époque avec ses lunettes 1900, cet homme optimiste finit par reconnaître de bons côtés à la guerre. Bien fait pour ceux qui n'ont plus trouvé leurs apéritifs et leurs digestifs ! « Puisse du moins la guerre nous avoir sauvés de l'alcoolisme (p. 63) ! »

Monsieur l'inspecteur général, dites-moi, les six millions de Juifs qui n'ont pas survécu à toutes ces épreuves, au désordre et au travail libérateur, les six millions de Juifs dont vous ne parlez jamais aux enfants, de quoi ont-ils été sauvés ?

Qu'importe. La guerre a prouvé qu'on pouvait avec avantage se passer de bien des friandises et de bien des excitants. Ça, c'est une nouvelle : il faut en informer nos fils et nos filles toutes affaires cessantes. Et maintenant ? Une tempérance consentie doit succéder à une tempérance forcée. Les fusillés et les gazés ne seront pas morts pour rien.

Voilà une des rares leçons que J. Cressot tire de la guerre. En réalité, il ne tire aucune leçon. Peut-être est-il, à cette époque, trop vieux, trop marqué par un demi-siècle dans le cocon de l'Instruction publique... Non, il se sert de la guerre pour rabâcher ses vieilles lubies.

Et tout au long de *L'Éducation morale*, il nous assène des clichés qui ont trop servi. Nous apprenons que l'école buissonnière est l'école du vice. Que les bons enfants obéissent avant l'ordre. Que la propreté doit être réelle et non apparente : pas de belle robe sur du linge douteux, de cosmétique sur une tête giboyeuse !

Que l'ivrogne boit les larmes, le sang, la vie de sa femme et de ses enfants. Qu'il sacrifie à sa passion tous ses devoirs de mari, de père, d'ouvrier, de citoyen. Que ses enfants doivent au vice paternel une santé chétive, des troubles nerveux, une intelligence diminuée, etc.

— Ha ! ha ! tu as manqué l'école douze jours de suite...

Que la vie la plus saine, c'est celle de l'homme des champs.

Que les criminels ont été des écoliers comme les autres...

Que rien ne peut empêcher alors la conscience de faire son métier de juge.

Que les ignorants, les prétentieux, les indociles ne sont pas faits pour la démocratie.

Que la loi aide les meilleurs, ceux qu'on appelle l'élite, à parvenir aux places difficiles.

Etc. Etc.

La morale scolaire a d'abord perdu Dieu, mis par les protestants « en réserve de la République » et finalement oublié dans son placard ; mais elle a prouvé qu'elle pouvait s'en passer. Puis on lui a pris la Raison, mère des droits et des devoirs, et marraine de la laïcité. Elle n'a jamais connu la psychologie. Quand le vent de la modernité s'est mis à souffler sur l'école, elle a déposé son bilan et elle s'est éteinte dans l'indifférence générale.

Acceptons joyeusement
la médiocrité...

Acceptons joyeusement la médiocrité, qui ne nous prive que du superflu et nous libère du souci des grandes richesses.

Recueil de lectures expliquées.
Certificat d'études primaires, par une réunion de professeurs, Éd. Mame et Fils, 1913.

Pourquoi voyons-nous les défauts d'autrui plus facilement que les nôtres ?

Initiation à la vie morale, civique et économique,
par G. Collin, *op. cit.*

Questions et devoirs : Pourquoi les méchants sont-ils malheureux ? Pourquoi l'homme bon est-il heureux ?

L'Éducation morale et civique à l'école,
par Brémond et Moustier, *op. cit.*

Avons-nous commis une grosse faute, nous souffrons comme si nous étions mordus : ce sont les remords de conscience.

Nos causeries. Livre de lecture courante,
par Mme J. Guiot et Fr. Mane, *op. cit.*

Je me vante de n'avoir subi ni les coups de baguette, ni l'agenouillement même simple. J'étais un écolier sage.

Le Livre unique de français, par L. Dumas.
Cours moyen et supérieur. Certificat d'études.
Hachette, 1928.

Je ne ferai jamais aux autres ce que je ne voudrais pas qu'on me fît à moi-même. Je serai toujours probe et honnête ; je ne volerai pas ; je rendrai un objet ou de l'argent que j'aurai trouvé. Je ne dirai du mal de personne ; je ne serai ni médisant ni calomniateur ; je serai sagement discret. Je serai reconnaissant envers tous mes bienfaiteurs.

L'Enseignement de la morale,
par René Doquet, *op. cit.*

Pour me faire aimer de tout le monde, je serai tout d'abord très poli ; je ne serai pas sottement vaniteux ni orgueilleux ; au contraire, je serai toujours simple et modeste. Je n'aurai pas mauvais caractère, je ne me mettrai pas en colère et je ne serai ni boudeur ni entêté. Je penserai aux autres, je ne serai pas égoïste. Je ne serai pas davantage envieux ni jaloux.

L'Enseignement de la morale,
par René Doquet, *op. cit.*

Heureux les campagnards ! Ils ne déménagent pas. S'ils sont riches, la maison est à eux ; s'ils sont pauvres, la chaumière leur appartient. C'est là qu'ils demeurent depuis plusieurs générations et qu'ils mourront entourés de leurs enfants, si la folie de la désertion ne s'empare pas d'eux.

Nous, pauvres fonctionnaires, nous n'avons pas plus de stabilité que l'oiseau sur la branche ; nous vivons en nomades, nous campons sous la tente, nous semons notre vie aux quatre coins de la France.

Sylvain. Livre de lecture courante,
cours moyen et supérieur, par J.-B. Tartière,
Librairie Larousse, vers 1900.

Au contraire, le travailleur honnête qui, en toute sincérité et de tout l'élan de son cœur, a choisi de vivre non la vie des animaux, mais celle d'un homme digne, juste, consciencieux, est d'accord avec les meilleurs et les plus fiers des hommes. Sa vie est calme, sûre, sans inquiétude. Tandis que le malhonnête homme habite un marécage, il habite un plateau salubre, qui baigne dans l'air pur et la lumière.

La Morale à l'école, par Jules Payot, *op. cit.*

Le bon et le mauvais ouvrier.

Je n'irai, plus tard, ni au café perdre ma santé, ni aux courses perdre mon argent, ni au cinéma perdre mon temps à voir des films policiers dont les héros sont des voleurs et des assassins dignes de mépris.

Sur le droit chemin.
Lecture et morale, par L. Leterrier
et R. Bonnet. Delagrave, 1945.

L'écolier appliqué fait toujours bien ce qu'il fait. Je serai un élève appliqué, j'écrirai lentement pour former convenablement toutes mes lettres, pour ne pas faire de fautes et pour n'oublier ni un point, ni un accent, ni une virgule.

L'Enseignement de la morale,
par René Doquet, *op. cit.*

Le bonheur ne consiste pas à posséder beaucoup, mais à se contenter de ce qu'on a.

L'Enseignement de la morale, par René Doquet, *op. cit.*

Que pensez-vous des dettes ? Dites dans quel état se place celui qui emprunte. Faites ressortir l'avantage d'acheter toutes choses au comptant.

Jean Lavenir. Livre de lectures courantes, par Édouard Petit et Georges Lamy, *op. cit.*

Maxime : Être libre, c'est se commander. Être riche, c'est se limiter.

L'École du bonheur, par Mme Foulon-Lefranc et G. Laurent, *op. cit.*

L'envie salit tout ce qu'elle touche ; elle pousse à la médisance et à la calomnie ; elle diminue tous les succès ; elle ternit toutes les réputations.

L'Éducation morale et civique à l'école, par Brémond et Moustier, *op. cit.*

Tandis que ces épis qu'on coupera bientôt,
Inclinent leur front vers la terre,
D'où vient que celui-ci s'élève encore si haut ?
C'est qu'il n'a pas de grain dans sa tête légère.
(L.-A. Bourguin.)

L'Enseignement de la morale, par René Doquet, *op. cit.*

Sylvain ne jurait pas et n'employait jamais de gros mots ; il faut l'en féliciter.

Le langage le plus correct, émaillé de jurons, ne saurait plaire à personne. Avoir sans cesse à la bouche des expressions ordurières, c'est presque s'avilir ; c'est, dans tous les cas, donner gratuitement une mauvaise opinion de soi et faire souffrir les oreilles délicates.

On n'aime pas, on ne peut pas aimer véritablement un enfant mal embouché.

Sylvain. Livre de lecture courante, cours moyen et supérieur, par J.-B. Tartière, *op. cit.*

Maxime : Qui se respecte se tient propre.

Résumé d'instruction morale et civique,
par F. Lechantre, *op. cit.*

Je choisis une devise : Tout droit (devise du scoutisme) — Fais face — Fais ce que tu dois — Je maintiendrai — Courage ! et pour la classe nous choisissons un nom : les Francs-Lurons — les Cœurs-Vaillants — les Sans-Peur — les Intrépides, etc.

Sur le droit chemin. Lecture et morale,
par L. Leterrier et R. Bonnet, *op. cit.*

Ainsi assurés du lendemain, libres, dignes, le temps du travail étant diminué de façon que personne ne soit écrasé, en quoi les travailleurs auront-ils besoin d'argent ? Ils seront les hommes les plus indépendants de l'univers. S'ils savent dédaigner le luxe sot et la vanité, leur vie saine, énergique, intelligente sera supérieure à celle des propriétaires les plus cossus.

La Morale à l'école, par Jules Payot, *op. cit.*

Tu le sais, je n'aime pas que mes élèves deviennent des fonctionnaires, dit M. Pascal, mais j'aurais peut-être fait une exception en ta faveur.

Sylvain. Livre de lecture courante,
cours moyen et supérieur,
par J.-B. Tartière, *op. cit.*

Avec l'instruction accessible à tous, une fille de pauvres paysans, dans sa chaumière perdue en pleine campagne, peut vivre dans l'intimité des plus généreux et des plus nobles penseurs de l'humanité.

La Morale à l'école, par Jules Payot, *op. cit.*

Mme Balbi prit dans sa main gauche la main de Nadi, dans sa droite, la main de Lia et elle se mit à leur parler de la nécessité de s'instruire.

Question d'intelligence. — Est-ce qu'une femme instruite peut rendre plus de services qu'ignorante ? (Comptes, hygiène, enfant.)

Pour devenir un homme, par Ém. Aubriot, *op. cit.*

Quels que soient ses dons intellectuels ou artistiques, une femme peut faire plus, elle ne peut faire mieux que fonder un foyer ; aussi fera-t-elle sagement d'y demeurer si la nécessité ne l'oblige pas à travailler au dehors. [...] Restez chez vous ; vous aurez choisi la meilleure part.

L'École du bonheur, par Mme Foulon-Lefranc et G. Laurent, *op. cit.*

Résumé (à réciter). 1. Une femme qui comprend bien ses devoirs est affectueuse et dévouée.

2. Elle reste unie à son mari dans la bonne et dans la mauvaise fortune.

3. Elle l'aide et le soutient en toute occasion.

4. Elle a confiance dans son mari et n'a pas de secrets pour lui.

5. Elle lui donne son avis avec simplicité.

6. Elle lui parle toujours avec douceur, même et surtout quand elle a quelque reproche à lui adresser.

7. Elle évite soigneusement les querelles qui ébranlent l'union et détruisent l'affection mutuelle.

La Première Année d'économie domestique.
Morale, soins du ménage, jardinage,
travaux manuels, par R. El. Chalamet.
Armand Colin. Paris, 1900.

La meilleure amie des jeunes filles, qui est-ce ? Voulez-vous que je vous le dise ? Eh bien... c'est l'aiguille. — Comment ! l'aiguille à coudre ? — Oui ! à coudre, à broder, même à tricoter...

Livre de lecture. Cours moyen.
Publié sous la direction de E. Cazes, *op. cit.*

Alors, la petite Suzette prit l'aiguille.

Certaines femmes s'achètent deux robes par an quand une seule pourrait leur durer deux ans. Elles ont plusieurs chapeaux, des bagues, des bracelets, des chaînes d'or ; elles se parfument avec des extraits de fleurs...

Le Droit Chemin. Lecture courante
par Marie Robert Halt, *op. cit.*

Pourquoi n'êtes-vous pas d'avis qu'une jeune fille regarde soit les spectacles forains, soit les affiches, soit même les images de devantures, dans les rues d'une ville surtout ?

Suzette. Livre de lecture courante
à l'usage des jeunes filles.
Par Mme Marie Robert Halt, *op. cit.*

Louise, la petite ménagère.

Maman Suzette possède ce précieux talent de mener à bien son travail, posément, sans bruit, sans embarras, en personne qui procède avec ordre, différant ainsi beaucoup de ces ménagères qui s'embrouillent dans la moindre affaire, agitées, criant, courant et n'arrivant jamais.

Le Ménage de Madame Sylvain,
par Mme Marie Robert Halt. *op. cit.*

À son mari, la femme doit assurer le bien-être matériel et moral. Elle saura faire en sorte que rien ne lui manque : linge et vêtements bien entretenus et prêts à temps ; repas servis exactement et préparés en tenant compte de ses goûts et de sa santé.

L'École du bonheur, par Mme Foulon-Lefranc
et G. Laurent, *op. cit.*

Maxime : Dans l'armoire bien rangée, le linge bien blanc chante les louanges de la ménagère.

L'École du bonheur, par Mme Foulon-Lefranc
et G. Laurent, *op. cit.*

Pourquoi est-ce une marque d'impolitesse d'avoir toujours les mains dans les poches ?

Initiation à la vie morale, civique et économique,
par G. Collin, *op. cit.*

On aime les enfants propres. Faire le portrait détaillé d'un enfant propre ; son visage frais et rose, ses mains soignées, ses cheveux bien peignés, ses vêtements sans tache.

Il est beau (faire par contraste le portrait d'un enfant malpropre).

L'Enseignement de la morale,
par René Doquet, *op. cit.*

Un jour viendra où l'on verra sans s'étonner, même parmi les fils d'une même famille, l'un fondeur et l'autre banquier, l'un tisserand et l'autre avocat. (Ch. Gide.)

Morale, instruction civique, travail.
Classe de 4e, par A. Souché, *op. cit.*

Maxime : Qui borne ses désirs est toujours assez riche.

Résumé d'instruction morale et civique,
par F. Lechantre, *op. cit.*

La propreté crée la fierté et l'égalité. Deux hommes peuvent ne pas être également riches, mais ils peuvent être également propres.

Sur le droit chemin. Lecture et morale,
par L. Leterrier et R. Bonnet, *op. cit.*

Je serai désormais fidèle au dernier article de la loi scoute : L'éclaireur est propre dans son corps, ses pensées, ses paroles, ses actes.

Initiation à la vie morale, civique et économique,
par G. Collin, *op. cit.*

Il est indispensable que les hommes d'aujourd'hui, qui disposent à leur gré de forces naturelles formidables, deviennent chaque jour meilleurs et plus sages (...). D'où la nécessité pour toi, mon enfant, de t'entraîner dès maintenant à la pratique virile de toutes les vertus.

Initiation à la vie morale, civique et économique,
par G. Collin, *op. cit.*

Vous arrive-t-il quelquefois d'avoir les genoux sales ? Comment expliquez-vous cela ?

Initiation à la vie morale, civique et économique,
par G. Collin, *op. cit.*

Exercice de réflexion. Lisez-vous n'importe quel roman sans vous préoccuper de savoir si vous serez meilleur ou pire après cette lecture ?

Initiation à la vie morale, civique et économique,
par G. Collin, *op. cit.*

La vie de chaque jour à l'école vous prépare à la vie sociale ; elle vous exerce à la pratique de la justice et de la bonté, au travail en équipe.

Initiation à la vie morale, civique et économique,
par G. Collin, *op. cit.*

J'ai lu tout récemment dans un livre très sérieux que la criminalité augmente avec l'accroissement de la population des villes, et que les populations industrielles sont moins morales que les populations agricoles.

Sylvain. Livre de lecture courante,
cours moyen et supérieur, par J.-B. Tartière, *op. cit.*

La gymnastique donne de la force et de la souplesse à nos organes. Elle favorise les actes de courage et prépare au service militaire.

L'Éducation morale et civique à l'école,
par Brémond et Moustier, *op. cit.*

Et puis surtout tu as ta bonne humeur et ton sourire dont tu feras un don permanent à tous ceux que tu coudoies, par exemple cette dame en deuil qui assise en face de toi dans le tramway a l'air si triste.

Initiation à la vie morale, civique et économique,
par G. Collin, *op. cit.*

Nous ne pensons pas à ceux qui n'ont plus trouvé leurs apéritifs et leurs digestifs préférés ; puisse la guerre du moins nous avoir sauvés de l'alcoolisme !

L'Éducation morale à l'école primaire,
par J. Cressot, *op. cit.*

Les criminels ont été des écoliers comme vous. Qui aurait pu croire, quand ils étaient assis sur les bancs de l'école, qu'un jour ils causeraient la mort de quelqu'un ?

L'Éducation morale à l'école primaire,
par J. Cressot, *op. cit.*

Le gros chou.

En traversant un village, deux ouvriers, Joseph et Benoît, passèrent devant un jardin potager. « Regarde donc, s'écria Joseph, les beaux choux ! Je n'en ai jamais vu d'aussi gros. »

« Bah ! répondit Benoît qui aimait se vanter, ces choux n'ont rien d'extraordinaire. Un jour, dans le cours de mes voyages, j'en ai vu un qui était plus gros que la maison que tu aperçois là-bas. » Joseph, qui était chaudronnier de son métier, dit aussitôt : « C'est un peu fort. Cependant, je me rappelle bien avoir travaillé à faire un chaudron qui était aussi grand que l'église. — Vraiment, reprit Benoît, que voulait-on faire de ce chaudron énorme ? — Il devait servir à faire cuire ton chou ! » répliqua Joseph. Benoît demeura tout confus, car un menteur se fait toujours prendre. (Schmid.)

L'Enseignement de la morale,
par René Doquet, *op. cit.*

Nous nous appliquerons à avoir en classe une tenue convenable, une tenue d'enfants bien élevés ; nous serons propres et polis, nos manières et notre langage ne seront pas choquants, nous respecterons notre salle d'école, comme nous respecterions une église ou un temple : n'est-elle pas le modeste temple de l'intelligence ?

Manuel d'éducation morale, civique et sociale,
par E. Primaire, *op. cit.*

Je vous le demande : que deviendrait un pays où tous les écoliers, pendant quelques années, se donneraient le mot pour faire l'école buissonnière ? Avant qu'ils fussent morts, ce pays serait rayé de la carte du monde.

Jean Lavenir. Livre de lectures courantes,
par Édouard Petit et Georges Lamy, *op. cit.*

L'enfant qui n'ose pas aller la nuit dans une chambre obscure est un poltron et un lâche ; s'il se donnait la peine de raisonner, il comprendrait qu'il n'y a aucun danger à circuler dans la maison, même sans lumière.

L'Éducation morale et civique à l'école,
par Brémond et Moustier, *op. cit.*

Maxime : Qui se sent morveux se mouche.

Résumé d'instruction morale et civique,
par F. Lechantre, *op. cit.*

Conjuguez à toutes les personnes : *Sois courageux, avoue tes fautes, ne cache rien au juge.*

Le Livre unique de français.
Cours élémentaire et moyen, par L. Dumas.
Hachette, 1934.

— Allons, désigne-toi, toi-même, en sortant des rangs.

CHAPITRE VI

Des valeurs et des hommes

« L'évolution de l'école est contraire à l'idée éthique et politique de l'éducation républicaine, sur laquelle reposaient l'autorité du maître et l'autorité de l'école, tant il est vrai que si les savoirs ne sont plus que de simples techniques, le professeur perd sa raison d'être. On a remplacé cette superbe tradition par une espèce d'utopie [...], mais c'est une utopie triste, une utopie pauvre. Quelle est-elle ? C'est adapter les savoirs aux besoins du temps, tout refaire à neuf [...] et c'est surtout faire de l'école une démocratie.

« Je pense d'ailleurs que l'égalitarisme, la passion de l'égalité est à l'origine de la crise de l'école... »

Philippe Tesson, in L. Joffrin et Ph. Tesson,
Où est passée l'autorité ? Éd. NiL, 2000.

Fervents défenseurs des droits de l'homme, tels que les définit la déclaration de 1789, nous nous demandons quelquefois où sont passées les « valeurs civiques », chères à la IIIe République. La morale scolaire insistait sur l'idée que les droits ne valent que par les devoirs qui leur sont attachés.

Or on apprend toujours les préceptes de la Déclaration des droits de l'homme, mais qui connaît encore la « Déclaration des devoirs » de 1795 ? On en trouve peu de traces dans les encyclopédies. Quelle est la raison de cet effacement ?

D'abord, à force d'avoir martelé une morale du devoir, on a non seulement lassé tout le monde, mais on a provoqué une réaction en sens contraire.

Et puis, encore une fois : le progrès scientifique, la technique et leur fille, la croissance économique, ont pris la première place dans notre civilisation, et même toute la place. Depuis peu, le balancier est reparti dans l'autre sens, mais c'est un phénomène récent.

Durant une période qui correspond à peu près aux « trente glorieuses », on se reconnaissait un seul devoir : être de son époque, c'est-à-dire marcher avec le progrès. Tout le reste nous serait donné par surcroît.

Une morale des droits de l'homme s'est affirmée en réaction au racisme, au colonialisme, au totalitarisme. C'était indispensable. Les devoirs correspondants ont été remis à plus tard, avec l'arrière-pensée que la démocratie suffirait à tout.

Enfin, à l'époque de l'hégémonie soviétique, les libertés des pays démocratiques étaient dites « formelles » et ne pouvaient entraîner aucun devoir pour le peuple opprimé envers la société bourgeoise qui les bernait. Etc.

Quoi qu'il en soit, la Déclaration des droits de 1795 mérite la piètre estime en laquelle on la tient généralement : adoptée par la Convention thermidorienne, après la chute de Robespierre, elle est bien quelque peu réactionnaire. Le retour du suffrage censitaire dans la Constitution de l'an III a, en effet, entraîné la suppression de l'article essentiel des précédentes déclarations : « Les hommes naissent et demeurent libres et égaux en droits » (1789) ; « Tous les hommes sont égaux par la nature et devant la loi » (1793).

Ce manque ouvrait un vide vertigineux.

Quant à la Déclaration des devoirs qui lui était jointe, on lui a surtout reproché d'être trop fidèle aux préceptes

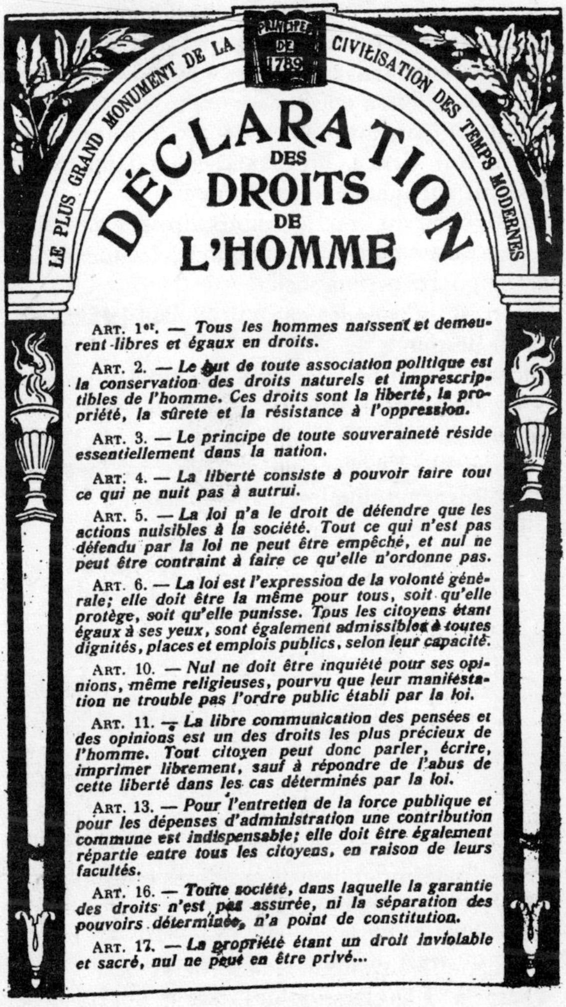

PRINCIPES DE 1789

LE PLUS GRAND MONUMENT DE LA CIVILISATION DES TEMPS MODERNES

DÉCLARATION DES DROITS DE L'HOMME

ART. 1er. — *Tous les hommes naissent et demeurent libres et égaux en droits.*

ART. 2. — *Le but de toute association politique est la conservation des droits naturels et imprescriptibles de l'homme. Ces droits sont la liberté, la propriété, la sûrete et la résistance à l'oppression.*

ART. 3. — *Le principe de toute souveraineté réside essentiellement dans la nation.*

ART. 4. — *La liberté consiste à pouvoir faire tout ce qui ne nuit pas à autrui.*

ART. 5. — *La loi n'a le droit de défendre que les actions nuisibles à la société. Tout ce qui n'est pas défendu par la loi ne peut être empêché, et nul ne peut être contraint à faire ce qu'elle n'ordonne pas.*

ART. 6. — *La loi est l'expression de la volonté générale; elle doit être la même pour tous, soit qu'elle protège, soit qu'elle punisse. Tous les citoyens étant égaux à ses yeux, sont également admissibles à toutes dignités, places et emplois publics, selon leur capacité.*

ART. 10. — *Nul ne doit être inquiété pour ses opinions, même religieuses, pourvu que leur manifestation ne trouble pas l'ordre public établi par la loi.*

ART. 11. — *La libre communication des pensées et des opinions est un des droits les plus précieux de l'homme. Tout citoyen peut donc parler, écrire, imprimer librement, sauf à répondre de l'abus de cette liberté dans les cas déterminés par la loi.*

ART. 13. — *Pour l'entretien de la force publique et pour les dépenses d'administration une contribution commune est indispensable; elle doit être également répartie entre tous les citoyens, en raison de leurs facultés.*

ART. 16. — *Toute société, dans laquelle la garantie des droits n'est pas assurée, ni la séparation des pouvoirs déterminée, n'a point de constitution.*

ART. 17. — *La propriété étant un droit inviolable et sacré, nul ne peut en être privé...*

de l'Évangile. On nous permettra pourtant de trouver l'article 2 assez joli. « Tous les devoirs de l'homme et du citoyen dérivent de ces deux principes gravés par la nature dans tous les cœurs : Ne faites pas à autrui ce que vous ne voudriez pas qu'on vous fît ; — faites constamment aux autres le bien que vous voudriez en recevoir. »

Vœu pieux ? Certes. En ce sens-là, la Déclaration des devoirs était quelque peu évangélique.

Il y avait aussi un article 6 plutôt drôle. Celui qui viole *ouvertement* (c'est nous qui soulignons) les lois se déclare en état de guerre avec la société.

En effet, si on viole les lois, mieux vaut le faire en catimini, l'air de rien !

Mentionnons au passage la Déclaration universelle des droits de l'homme, votée par l'Assemblée générale des Nations unies en 1948, qui affirme la liberté et l'égalité de tous les hommes. On sait combien elle est respectée par la Chine, la Russie, et nombre d'autres États !

Toutes ces déclarations mentionnent plus ou moins explicitement, quelquefois en filigrane, des interdits, qui sont en somme des « devoirs négatifs ». L'exemple le plus clair est celui de l'article 4 de la Déclaration de 1789 : la liberté consiste à faire tout ce qui ne nuit pas à autrui. Et, bien évidemment, ce qui nuit à autrui est interdit. Tout aussi flagrante est l'interdiction de désobéir à la loi.

Ce qu'on appelle aujourd'hui des « valeurs » sont des composés de droits, de devoirs et d'interdits, dosés par la sensibilité dominante. Elles sont donc moins stables qu'à l'époque où elles émanaient d'une religion, d'une doctrine ou d'une idéologie.

Elles évoluent plus facilement et plus vite.

Notons que le mot « valeur » (sans adjectif) n'était guère compris, dans son sens moderne, avant 1914 et peut-être avant le demi-siècle.

Mais bon, c'est un joli mot, et nous le comprenons, de façon intuitive, très profondément. Les valeurs changent d'une époque à l'autre, du moins, dans le cœur des gens et dans l'idéal des sociétés, emportées et modelées par le flux de la vie.

Enfants en maraude.

Un certain nombre de devoirs ou d'interdits sont tombés en désuétude parce qu'ils n'ont plus de raison d'être, d'autres sont apparus. Les valeurs, celles de la morale comme les autres, changent parce que la vie change et chambarde tout.

À propos de la frénésie boursière sur Internet, Frédérick Chambon et Pascale Krémer écrivent dans *Le Monde* du 9 avril 2000, citant Danielle Rapoport, psychosociologue : « C'est un éclatement des valeurs qui servent de socles à notre société. Les nouveaux héros sont de jeunes opportunistes engagés dans une course à l'argent facile. Ce n'est pas immoral, c'est amoral. Les valeurs de la société de l'Internet sont encore à inventer. »

Inventons, inventons. La morale, si l'on en veut, doit être réintroduite dans le monde à chaque grande mutation.

Pourquoi cette attention portée au changement — et, parfois, au quasi-renversement — des valeurs ? C'est avant tout la coloration raciste et nationaliste de la morale civique sous la IIIe République qui la suscite. Si l'on ne peut absoudre ce péché, on essaie au moins de l'expliquer.

Il ne faisait aucun doute pour la morale républicaine que « les hommes naissaient libres et égaux en droits ». Croire le contraire eût été pour l'école laïque renier ses origines.

Et pourtant, bon nombre de vieux manuels exposent le racisme comme un fait naturel, lié à une infériorité non discutée des hommes de couleur.

Oui, tous les hommes étaient égaux. Mais attention, il y avait une condition sous-entendue : la raison seule donnait à l'homme sa qualité. La règle ne s'appliquait pas aux peuples colonisés (ou à coloniser... c'est-à-dire, peu ou prou, tous les hommes de couleur), car ils n'avaient pas la raison : c'étaient des barbares ou des enfants, ou un mélange des deux. On avait pour tâche de les instruire, de leur apporter le minimum de raison et de civilisation, qui ferait d'eux des individus égaux en droits à leurs maîtres. On se voyait en « instituteurs du monde ».

Les républicains justifiaient ainsi la colonisation, parfois avec quelque gêne aux entournures.

La société occidentale était raciste, parce que très imbue de sa supériorité, de ses conquêtes, et la science, alors, semblait l'assurer dans ses préjugés, que les livres d'école véhiculaient assez souvent (mais pas toujours), par suffisance et par bêtise. Quelques livres jetaient un silence pudique sur le sujet. Un très petit nombre (par exemple, le roman scolaire *Alain Redon*) s'opposait même au racisme — sans s'opposer au colonialisme, car c'eût été condamner notre mère la République... Ah, rien n'est simple !

Et puis il s'agissait d'enseigner, avant tout. Les instituteurs qui demandaient un poste aux colonies se sentaient grisés par le champ immense qui s'ouvrait à leur passion d'instruire. Ils seraient les croisés de la raison et du bien, chez les barbares, au-delà des mers. Au fond, le seul *droit* que l'école reconnaissait aux colonisés, c'était celui d'accéder le plus vite possible à la raison et au progrès. Et elle se fixait le *devoir* de les aider à devenir de vrais hommes, comme elle aidait les écoliers à devenir des adultes raisonnables.

Les maîtres ne doutaient pas que les peuples enfants accéderaient un jour à la plénitude de leurs droits, notamment le droit de vote, à une sorte de majorité, comme les jeunes Français à l'âge de vingt et un ans. L'école était le modèle universel.

En attendant, les écoliers (et naturellement les peuples écoliers) devaient être disciplinés, soumis, pour leur bien. Dans le cas contraire, on pouvait toujours les expédier en « maison de correction » !

Malgré tout, nous avons reconnu dans les principes de l'école, sous la IIIe République, un peu malmenés par les bévues du scientisme et du nationalisme, deux valeurs qui nous sont chères : la démocratie et la primauté de l'éducation. L'école laïque se fourvoyait ; elle ne s'est *sans doute* pas trahie.

Écoliers saluant le drapeau tricolore.

Et le patriotisme qui portait si haut les notions de Devoir, Patrie, République, Gloire militaire..., qui s'enflammait jusqu'à la démesure dans l'éloge de la France, où est-il passé ? A-t-il encore un sens aujourd'hui, quand on ne brandit plus le drapeau que pour les matchs de foot ?

L'exaltation du patriotisme atteint des sommets au début de la IIIe République. Il ne faut pas oublier que celle-ci a été fondée à l'occasion d'une grave défaite, qui a entraîné la perte d'une province. On préparait la revanche, la reconquête de l'Alsace-Lorraine, et les instituteurs pacifistes (il y en avait beaucoup, peut-être une petite majorité) n'osaient afficher leur sentiments. Ceux qui le firent, par la voix des premiers syndicats, furent violemment pris à partie, souvent condamnés.

La victoire de 1918, après quatre ans d'une guerre effroyable, fut une « victoire à la Pyrrhus », qui laissa le pays exsangue, partagé entre un orgueil insensé et une secrète désespérance.

Une résurgence de l'ardeur patriotique, en 1944-1945, a fait long feu. La France a mené avec mauvaise conscience deux guerres postcoloniales, en Indochine et en Algérie. Le patriotisme s'est trouvé alors lié aux « valeurs » les plus réactionnaires : la rébellion de l'O.A.S. (1961-1962) s'est faite au nom du patriotisme. Beaucoup de vertus civiques, qui avaient grandi, puis dépéri parallèlement, furent emportées par le même vent. Mai 1968 fit voler en éclats le peu qu'il en restait.

Les Français d'aujourd'hui placent le patriotisme en bas de liste dans le pot-pourri de valeurs, de vertus et d'aspirations sur lequel on les a sondés récemment. (Voir *Psychologies Magazine*, mai 2000, reproduit ci-contre)

Sondage *Psychologies* / BVA

Enquête réalisée auprès d'un échantillon représentatif de la population française âgée de 15 ans et plus. 956 personnes ont été interrogées du 2 au 4 mars 2000 par téléphone. Échantillonnage par la méthode des quotas : sexe, âge, profession du chef de famille, région et catégorie d'agglomération.

À la recherche des valeurs perdues		**Pour bien vivre en commun**		**Être moral au quotidien**	
Quelles sont les valeurs dont vous regrettez le plus l'affaiblissement au cours des vingt dernières années ?		Quelles seraient les valeurs d'une société où vous aimeriez vivre ?		Quelles sont les valeurs que vous essayez le plus de respecter dans votre vie courante ?	
	Ensemble		Ensemble		Ensemble
La politesse	44	L'honnêteté	41	L'honnêteté	48
L'honnêteté	42	La justice	32	L'amitié	42
Le respect de l'environnement	36	L'amitié	30	La famille	42
La tolérance	30	L'égalité	30	La politesse	34
La justice	29	La famille	28	La fidélité	26
Le goût du travail	27	Le respect de l'environnement	27	Le respect de l'environnement	24
La famille	25	La liberté	25	La sincérité	23
La discipline	24	Les droits de l'homme	24	La tolérance	23
L'amitié	20	La tolérance	24	La générosité	22
La générosité	20	La générosité	22	Le goût du travail	19
Les droits de l'homme	19	Le goût du travail	22	La justice	17
Le courage	17	La politesse	20	La responsabilité	17
La fidélité	17	La sincérité	17	Le courage	15
La sincérité	17	Le courage	15	La discipline	14
La responsabilité	14	La responsabilité	14	L'humour	14
L'égalité	12	La discipline	13	La liberté	11
L'honneur	11	La fidélité	13	L'égalité	10
La liberté	10	L'humour	12	L'optimisme	9
L'humour	7	L'honneur	10	L'honneur	8
L'optimisme	7	L'optimisme	6	Les droits de l'homme	6
Le patriotisme	6	Le patriotisme	3	Le patriotisme	1
La réussite matérielle	3				
(NSP)	2	(NSP)	2	(NSP)	2
Total supérieur à 100 %, car 5 réponses possibles.		Total supérieur à 100 %, car 5 réponses possibles.		Total supérieur à 100 %, car 5 réponses possibles.	

Une « valeur civique » reste fort cotée : le respect de l'environnement. Voilà un nouveau patriotisme, car notre patrie, désormais, c'est la Terre, selon un mot d'Edgar Morin : la Terre Patrie. Du moins c'est la conviction qu'on affiche, l'air qu'on se donne. Regardons le comportement réel des gens et avouons que l'hypocrisie est toujours ce qu'elle était !

Et la République... Jamais depuis un siècle on ne s'était jeté le mot à la figure (sans oublier la majuscule) avec autant de hargne et de toupet. Ce qu'il nous reste du culte de la patrie et du drapeau, si fort au début du siècle, c'est un certain acharnement à défendre la fameuse « exception française », une volonté maniaque de nous proclamer les meilleurs là où nous le pouvons encore (nous avons le meilleur système de protection sociale, la meilleure école, la santé publique la plus efficace... C'est tout juste si nous ne tirons pas quelque fierté d'être les Européens qui se massacrent le plus allègrement sur les routes !).

Retour aux sondages. Il semblerait que les Français regrettent l'affaiblissement de la discipline, vertu civique par excellence. Difficile de ne pas voir là une nouvelle hypocrisie : l'indiscipline, c'est le défaut des autres.

Un certain consensus commence à se manifester autour de la « défense de l'environnement ». C'est, bien plus qu'un chauvinisme économique ou sportif toujours suspect, le véritable patriotisme d'aujourd'hui.

Au XIXe siècle et au début du XXe, on aurait pu sans mal respecter davantage l'environnement ! La pollution industrielle, venue du charbon, des égouts... ou de leur absence, etc., était effrayante à l'échelle de quelques grandes villes. Mais enfin, l'atmosphère, le climat, les ressources de la planète, etc., n'étaient pas encore menacés. Aujourd'hui, les villes sont, par rapport au XIXe siècle, incroyablement propres. Et pourtant la situation s'est dégradée, sur un plan général, au point que la Terre Patrie est en danger.

Tous n'en conviennent pas. Essayons de sensibiliser les enfants davantage encore : ce pourrait être un nouveau fondement pour la morale scolaire.

Quant aux droits de l'homme, ils nous forcent à nous poser sans cesse de nouvelles questions. Faut-il considérer que le « droit au travail » est un droit fondamental de chacun ? Mais comment le définir ? Comment en parler aux enfants des chômeurs ?

D'une façon générale, les « droits des travailleurs », les « droits de l'enfant » doivent-ils être inclus dans les droits de l'homme ? Certains écologistes ajouteraient même les « droits des animaux ». Et sans doute beaucoup de jeunes élèves y seraient disposés.

On pourrait leur apprendre à s'informer, à se tenir prêts pour agir le moment venu, chez eux, autour d'eux, avec précaution et persévérance. C'est si simple et si compliqué à la fois.

Et les valeurs, ou vertus, dont l'opinion s'accorde à regretter l'affaiblissement, et sans lesquelles il est difficile de vivre en société : la politesse, l'honnêteté, la responsabilité... Peut-on les renouveler, leur rendre une seconde jeunesse ?

Il ne serait pas si sot de réhabiliter une vieille discipline de la morale scolaire, un peu oubliée aujourd'hui : l'examen de conscience. L'exercice venait en droite ligne de la religion, l'école en abusait ; les livres de morale le présentaient de façon ridicule. Il ne mérite pas, cependant, la désaffection d'aujourd'hui... où l'on a plutôt l'habitude de faire l'examen de conscience d'autrui, la récrimination étant un penchant encouragé à l'excès par les médias, qui s'en nourrissent.

La sensibilité actuelle nous pousse à considérer avant tout les misères qu'on nous fait ; nous nous hypnotisons sur nos malheurs, comme le veut un système assez pervers. Nous n'avons guère le temps, ni souvent l'idée, de nous pencher sur nos fautes ou nos erreurs.

Le mal, c'est la faute des autres, et en particulier du gouvernement.

Saurait-on enseigner aux écoliers l'art et le goût de s'arracher à cette fascination de soi-même, qui est une des composantes fortes de l'individualisme de notre temps ?

« Comment élever ses enfants sans morale ? » demande André Comte-Sponville, incidemment et entre parenthèses, à la p. 262 d'un livre qui en compte plus du double[1]. La réponse va de soi : c'est impossible. On a besoin de la morale. Comme elle ne tombe plus, depuis longtemps, du ciel, il faut l'enseigner à l'école. Mais comment ? Nous y voilà.

Les questions qui nous viennent en l'an 2000 sur les limites de cet enseignement, les pédagogues bien informés de l'entre-deux-guerres se les posaient aussi. C. Savard cite dans ses *Pages choisies de pédagogie contemporaine*[2] un long article de A. Moulet sur les « limites du pouvoir moralisateur de l'école », d'une résonance très actuelle.

La famille la mieux intentionnée, lit-on en substance, ruine souvent au foyer les leçons des instituteurs. Le souci anxieux des parents, leur complaisance préparent des enfants égoïstes, vaniteux, mécontents de tout et de tous. Et pas seulement dans les milieux populaires.

On nous rappelle que Lichtenberger, dans un rapport daté de 1889, sur l'éducation morale dans les écoles primaires, s'inquiétait déjà de la place du fait divers dans les journaux et des spectacles malsains de la rue. L'auteur ajoute en 1935 : et du cinéma.

Il souligne d'autres facteurs négatifs, qui n'ont fait que croître et embellir depuis ces temps reculés : l'indignité

---

1. Luc Ferry et André Comte-Sponville, *La Sagesse des modernes*, *op. cit.*

2. *Pages choisies de pédagogie contemporaine*, par C. Savard. Delagrave, 1935.

accidentelle du milieu scolaire, les promiscuités de la ville, etc. Il s'exclame : « Que de risques ! Que de périls ! » Ainsi, l'œuvre éducatrice est contrecarrée chaque heure de chaque jour.

Aujourd'hui, l'école se préoccuperait moins de jeter des millions d'adolescents amoraux dans un monde tout aussi amoral, qu'elle n'aime guère et ne comprend pas très bien, si elle n'était elle-même prise à partie et secouée comme un prunier par un nombre croissant d'élèves.

Ainsi harcelée, jusque dans le sanctuaire qu'elle a, depuis Jules Ferry, édifié à juste raison, elle se pose la même question que le philosophe, que nous et que l'opinion... Avec cette arrière-pensée : peut-on enseigner la morale dans ce monde de triche, de bluff, de frime, d'arnaque, de copains et de coquins, d'enfants rois et de chacun pour soi ?

Voici l'interrogation plus précisément formulée :

... Et dans le même temps que l'on veut nous faire de la Société moderne un Dieu nouveau, comment ne pas reconnaître en cette idole nouvelle des tares pires que les tares des dieux anciens ? Comment enseigner l'enfance et la jeunesse quand tout le monde ment, quand toutes les grandes personnes mentent, quand tous les États-majors, de tous les partis, mentent, quand tout le monde politique parlementaire ment, quand les maîtres, qui enseigneraient à ne point mentir, mentent ; quand l'aplatissement des consciences aplatit les consciences universitaires mêmes, quand le favoritisme, quand le népotisme, quand l'arrivisme envahit le personnel universitaire même, quand les fils, les neveux, les gendres et les arrière-cousins des grands maîtres franchissent les degrés de la hiérarchie à une vitesse uniformément accélérée ?

Charles Péguy signait en 1904 cette fulgurante interpellation [1].

Le problème reste entier.

Danielle Rapoport a raison. Le moment est sans doute venu d'inventer : du neuf et du raisonnable.

---

1. *La République et l'École*, anthologie de Charles Coutel. Presses Pocket, 1991.

En guise de conclusion

La règle implicite — mais formulée quelquefois — de la morale laïque traditionnelle était celle-ci : que le maître soit lui-même le plus persuasif des exemples.

Il appartient aux instituteurs et aux professeurs d'aujourd'hui de voir ce que vaut encore ce principe.

On n'a pas de conseils à leur donner...

... mais quand même une réflexion historique à leur proposer, en guise de conclusion. Qui sans doute les rassurera.

Ce sera notre cerise sur la madeleine de Proust.

Vous avez dit exemplaires ?

Ah, ces saint laïques, dont l'hagiographie extasiée emplissait des chapitres entiers de romans scolaires et des centaines de pages dorées sous les couvertures rouges des livres de prix !

Nous ne leur venons pas à la cheville et nous le savons.

Avec de tels modèles sous les yeux, jour après jour, les écoliers de 1900 (et d'après) ne pouvaient être que studieux, honnêtes, loyaux et généreux. N'est-ce pas ?

Le 3 juin 1906, M. Albert Lambert disait à l'Opéra un poème de Jean Philippe : « L'instituteur laïque[1] ». La statue du maître d'école de la IIIe République était sculptée dans la lumière pour l'éternité.

> Chaque jour, à chaque heure, avec persévérance,
> Dans l'inlassable effort de l'obscur dévouement,
> Il fait des citoyens trempés solidement,
> Des hommes de savoir et de tempérament...

L'enfant a des devoirs envers son instituteur.

1. Cité par H. Blanc, *Vers le bonheur par l'école laïque.* Librairie Gedalge, 1908.

Et maintenant, est-il permis d'aller voir la réalité de plus près ? Si nous mettons de côté la vie des saints, quelles seront nos sources ? Il n'en manque pas. D'abord, les articles et le courrier des lecteurs des revues pédagogiques : des plus classiques, comme *Le Manuel général, L'École nouvelle*, aux plus rebelles, *L'Émancipation de l'instituteur, L'École rénovée*, et, à partir de 1910, la plus connue de toutes, *L'École émancipée.*

Et puis les romans, les vrais, signés Léon Frapié, Louis Pergaud, Antonin Lavergne, Ernest Pérochon... Autres sources encore : les témoignages, *Nous les maîtres d'école*, « autobiographies » de la Belle Époque, réunies par Jacques Ozouf ; *La Galerie des maîtres d'école et des instituteurs*, de Marc Villin et Pierre Lesage.

Le roman d'Antonin Lavergne, *Jean Coste ou l'Instituteur de village*, raconte la triste vie d'un malheureux instituteur, aigri par son extrême pauvreté, dont le nom était passé dans la langue. Un « Jean Coste », disait-on pour désigner les maîtres qui traînaient leur misère, ventre creux, vêtements râpés et en souliers éculés. Beaucoup d'instituteurs semblent s'être reconnus dans ce portrait, qui suscita le courroux de la hiérarchie. Le personnage de Jean Coste nous apparaît comme un pauvre hère, qui suscite plus la dérision que l'admiration.

Peut-être Antonin Lavergne a-t-il noirci le tableau ? Alors, laissons Jean Coste et voyons *L'Institutrice de province*, de Frapié. Ce roman, encore plus sombre et plus désespéré que celui de Lavergne, dut sa célébrité, au moins en partie, au débat suscité par deux articles de Francisque Sarcey, dans *Les Annales*, en 1897. F. Sarcey reçut alors d'abondants témoignages de lecteurs, dont il publia plus tard un certain nombre.

Danielle Delhomme, Nicole Gault et Josiane Gonthier consacrent un long chapitre de leur livre, *Les Premières Institutrices laïques*, à cette affaire, qui a soulevé, dans le monde de l'école, une passion vive.

L'Institutrice de province commence un jeudi d'octobre. « Le train qui, régulièrement, à deux heures de l'après-midi, éveille pour un instant la petite station de Bailloire endormie dans l'ombre de vieux marronniers, amena de Paris une jeune fille étrangère à la localité. »

L'institutrice, Louise Chardon, vient prendre son premier poste. Et l'histoire s'achève quelques années plus tard par la mort de la malheureuse, qui s'est tuée à la tâche. Mais on devrait dire plutôt que tous et toutes se sont ligués pour l'assassiner : les élèves, les parents, les gens des villages, les maires et autres autorités, les collègues, les inspecteurs... Et Léon Frapié nous conte une descente aux enfers sans rémission, à peine éclairée par quelques lueurs de joie et d'espérance, toujours données par les enfants.

L'école publique de la fin du XIXe siècle vue par Léon Frapié est aux antipodes de l'image que nous en avons. Elle est parfois terrifiante. Les portraits d'instituteurs et d'institutrices tracés par l'auteur sont bien loin, c'est le moins qu'on puisse dire, des parangons de vertu que nous décrit la littérature bien-pensante (même si ceux-là ont sûrement existé aussi). On dira, comme pour *Jean Coste* : c'est une caricature. Mais la correspondance publiée par Francisque Sarcey montre que *L'Institutrice de province* est très proche de la réalité, quoique certaines situations, certains personnages et certains thèmes soient âprement discutés.

« C'est du vrai réalisme, écrit un correspondant. Peut-être même l'auteur est-il resté au-dessous de la vérité. » Et une directrice d'école : « J'ai connu presque tous les personnages que met en scène M. Frapié ; ils sont hélas copiés sur le vif et très ressemblants. »

Tous ces témoignages révèlent, à travers les rapports entre les institutrices et les inspecteurs, entre les institutrices et leurs collègues masculins, entre les directrices et les adjointes, un triste marécage de jalousies, harcèlements, querelles, haines, vindictes, qui sont pour les jeunes institutrices une source de désespérance sans fin. Et l'on sait par d'autres témoignages que les adjoints hommes étaient aussi, très souvent, exploités et maltraités par leurs directeurs. D'ailleurs, les adjoints révoltés ont joué un rôle important dans la naissance des syndicats d'instituteurs, d'abord interdits, et du mouvement de l'École émancipée.

Voici quelques extraits saillants :

« J'ai suivi jadis une lutte entre un instituteur et une institutrice ; je vous avoue, mettant tout parti pris de côté, que l'institutrice n'était pas très commode, mais le monsieur usa envers elle de procédés très peu loyaux, très peu propres, elle dut quitter la place. » (Une institutrice.)

« Ce n'est parfois qu'une question mesquine de jalousie qui les divise [...]. Ô noblesse des sentiments ! Ajoutez à cela la visite d'un chef qui maladroitement félicite l'un et réprimande l'autre. Toute la commune est informée. On cause, on bavarde, de là à se nuire il n'y a qu'un pas. (Un instituteur.)

« Je suis stagiaire depuis six ans ; et partout j'ai vu cette lutte de l'instituteur contre l'institutrice et contre les adjoints, lutte toute de jalousie et de rivalité de métier qui engendre des haines, des médisances, des calomnies et où les faibles sont toujours vaincus, disgraciés et souvent traînés dans la boue pour le restant de leurs jours. » (Un instituteur.)

« Est-il honnête, est-il convenable de remettre à des inspecteurs primaires célibataires les pouvoirs discrétionnaires qu'ils possèdent sur les institutrices ? Est-il socialement prudent de laisser à de jeunes hommes, habitués parfois à butiner de fleur en fleur, le droit d'appeler dans leur cabinet quand il leur plaît [...] une jeune institutrice timide ou entreprenante, mais surtout assoiffée d'avancement et de bonnes notes ? » (Un instituteur.)

« L'instituteur avec son maigre traitement cherche avant tout une femme qui lui apporte quelques sous, afin de pouvoir élever sa future famille. Il a le choix entre une demoiselle quelconque, possédant quelques écus sonnants, et l'institutrice [...]. Le plus souvent, il choisit les écus. » (Un instituteur.)

« J'ai connu quelques directrices qui forçaient leurs adjointes à se nourrir avec elles et qui les nourrissaient si mal, bien qu'elles retinssent à cet effet la meilleure partie du traitement que, sortant de table, ces malheureuses étaient forcées de rentrer dans leurs chambres manger un morceau de pain sec. [...] J'en ai connu une qui souffletait son adjointe. [...]

« Et les inspecteurs. J'ai connu M. M. [...] Quand ce monsieur voyait qu'il ne pouvait rien espérer d'une femme, il la forçait à quitter sa circonscription dont il avait fait son sérail. » (Une institutrice.)

Dites, Monsieur l'inspecteur M., vous sentiez-vous tous les matins « appelé à la perfection » comme F. Pécaut, un des fondateurs de votre école ?

Danielle Delhomme et coll. notent dans leur commentaire : « On constatera que sous l'apparente mise en cause de l'inspecteur et du système qui confie à des hommes l'inspection des institutrices, c'est l'institutrice qui est surtout responsable de la dépravation des mœurs dans l'enseignement. L'inspecteur sera au pire son complice. »

Les jolis modèles que l'on donnait à voir aux écoliers et aux écolières qui n'étaient ni aveugles ni idiots !

Faut-il insister ?

Les maîtres et les maîtresses d'école de la IIIe République, de même que leurs inspecteurs, étaient des gens ordinaires, avec des qualités et des défauts, que leur situation en général très difficile exacerbait dans bien des cas. Qui a jamais cru qu'ils fussent parfaits ? Quelques-uns étaient sans doute beaucoup plus courageux, honnêtes et désintéressés que la moyenne des hommes et des femmes : il faut les saluer en passant.

Mais il n'y a jamais eu d'âge d'or de l'école, pas plus que d'âge d'or de quoi que ce soit.

L'exemplarité est-elle un mythe ? Non, des millions de gens se souviennent avec émotion et admiration de leur instituteur, de leur institutrice, qu'ils parent à tort ou à raison de tous les mérites et de toutes les vertus.

Le mystère de l'exemple ne sera jamais complètement éclairci.

Avançons quand même les réflexions que nous inspire une longue familiarité avec l'école d'autrefois. Le maître, reconnu en général par la société et les enfants eux-mêmes dans la dignité de sa fonction et de sa personne, pouvait offrir un modèle un peu plus que passable sans exhiber de rares mérites. Il était un miroir autant qu'un exemple.

Il représentait un certain idéal social ; il devait certes veiller à n'en pas être trop indigne, à ne point trop choquer par ses attitudes ou bien ses paroles les jeunes consciences qu'il avait en charge. Alors, cette image, positive envers et malgré tout, que la société lui accordait, il pouvait la transmettre naturellement — sans avoir le moins du monde besoin de jouer au saint ou au héros.

Elle allait le plus souvent croître dans un terreau fertile.

C'est ce qui se passe aujourd'hui avec les modèles sacrés par les médias. Mais, sans doute, faudrait-il amender le terreau des âmes. Et puisque l'éducation se veut toujours le plus grand projet de la société et même de la civilisation, accorder plus de faveur à ceux qu'on charge de le mettre en œuvre.

Et alors, nous atteindrons peut-être un jour prochain, suivant le titre du roman d'Henri Blanc, *Le Bonheur par l'école laïque.*

Ou est-ce trop demander ?

N'oubliez pas, chers enfants...

N'oubliez pas, chers enfants, que les leçons patriotiques de votre instituteur doivent préparer à la France de bons soldats pour l'avenir, et qu'un peuple dont les citoyens préfèrent une mort glorieuse à un lâche repos est invincible.

La Patrie française. Livre de lectures courantes, cours moyen et supérieur, par Charles Comte et Victor Jeanvrot. Charavay Frères éditeurs. Paris, 1885.

Notre gloire est sans seconde ;
Français, où sont nos rivaux ?
Nos plaisirs charment le monde,
Éclairé par nos travaux.

Béranger in *La Patrie française.* Livre de lectures courantes, *op. cit.*

La France doit être fière de son rôle dans le monde. Elle a toujours été le soldat du droit et du progrès. Elle a un climat doux et une situation géographique avantageuse.

L'Éducation morale et civique à l'école, par Brémond et Moustier, *op. cit.*

Le bon soldat donne toujours l'exemple à ses camarades, parle de la patrie avec respect, du drapeau avec fierté, et se dit prêt à donner tout son sang pour la France.

L'Éducation morale et civique à l'école, par Brémond et Moustier, *op. cit.*

Le drapeau tricolore, bleu, blanc, rouge, représente la France. Chaque régiment a son drapeau sur lequel sont inscrits en lettres d'or les mots : Honneur et Patrie. Insulter le drapeau tricolore, c'est insulter la France. Je me découvrirai lorsque je passerai devant le drapeau d'un régiment.

L'Enseignement de la morale, par René Doquet, *op. cit.*

La France est aujourd'hui le modèle de l'ordre, du bon sens et de l'équilibre. Elle donne au monde un exemple de justice et de mesure comme il n'en a pas vu souvent.

Le Livre du maître pour l'éducation et l'instruction civiques, op. cit.

À cette lutte et aux dures privations subies, la santé de Mme Fontaine s'était cruellement altérée. Un mal terrible se déclara qu'on aurait pu enrayer par une très délicate opération chirurgicale. Mais l'ennemi avait volé tout le matériel de la Croix-Rouge française !

Cependant, le voisin de la famille, M. Félix, adjoint au maire, qui logeait un célèbre chirurgien allemand, obtint de lui qu'il essaierait d'opérer la malade. Il n'avait rien dit à ses amis, espérant réussir par surprise.

Mais quand Mme Fontaine vit entrer l'Allemand dans sa chambre et qu'elle apprit du digne adjoint ce qu'il venait faire, elle se dressa sur son séant et, d'un geste plein de mépris, lui montra la porte. [...]

« Je préférerais mourir dans les plus horribles tourments plutôt que de devoir la vie à un ennemi de la France ! »

Jean et Lucie, histoire de deux réfugiés.
Livre de lecture, cours moyen - cours supérieur,
par Mme Dès. Fernand Nathan édit., 1920.

La Marseillaise. [...] Et c'est comme un commandement militaire à un peuple de soldats ! Et c'est la marche cadencée, la marche guerrière d'une nation dont tous les pas sont comptés. Comme un coup de tonnerre tout se précipite : *Marchons, qu'un sang impur abreuve nos sillons.* La victoire a éclaté en même temps que la bataille. (Edgar Quinet.)

L'Enseignement de la morale,
par René Doquet, *op. cit.*

Question. Pourquoi un peuple intelligent et instruit peut-il devenir le modèle du monde ?

L'Éducation morale et civique à l'école,
par Brémond et Moustier, *op. cit.*

Question. Que peut-il arriver aux peuples ignorants ?

L'Éducation morale et civique à l'école,
par Brémond et Moustier, *op. cit.*

Sache tenir, s'il faut, un sabre de bataille,
Mais studieux le soir, actif dès le matin,
Sache bien qu'un enfant qui veille et qui travaille
Prépare au monde entier sa gloire et son destin.

Jean Aicard in *La Patrie française*.
Livre de lectures courantes, *op. cit.*

Nous ne verrons pas ce jour des revanches,
Nous ; nos yeux seront depuis longtemps clos,
Et depuis longtemps sur nos pierres blanches
Le vent secouera l'herbe des tombeaux ;
Mais nous entendrons votre cri de guerre,
Et quand, tout fumants d'un juste courroux,
Vous nous vengerez, au fond de la terre,
Nos os dormiront d'un sommeil plus doux.

André Theuriet in *La Patrie française*.
Livre de lectures courantes, *op. cit.*

L'armée française comprend huit sortes de troupes :

1. L'infanterie, troupes à pied ;
2. La cavalerie, troupes à cheval ;
3. L'artillerie, qui manœuvre les canons ;
4. Le génie, qui fait les travaux de fortifications ;
5. Le train des équipages, qui fait les transports militaires ;
6. Les services auxiliaires, l'intendance et l'infirmerie ;

7. L'état-major qui recrute les troupes et fait les plans de guerre ;

8. La gendarmerie qui surveille les troupes et le pays.

Maxime : De bonnes armes ne suffisent pas, il faut aussi de bons soldats.

Résumé d'instruction morale et civique,
par F. Lechantre, *op. cit.*

Ne pas se mêler aux conversations qu'on rougirait de rapporter à son institutrice ; ne pas prendre plaisir, ni s'associer aux plaisanteries déplacées, n'en pas rire, tout cela est de la réserve.

Le Droit Chemin. Lecture courante,
par Marie Robert Halt, *op. cit.*

La marine militaire est l'armée de mer.

La flotte française comprend environ 500 vaisseaux de guerre, montés par 50 000 marins.

Maxime : On connaît le marin quand survient la tempête.

Résumé d'instruction morale et civique,
par F. Lechantre, *op. cit.*

Anges du foyer, les femmes doivent surtout être des anges de bon conseil. Sœurs, elles doivent prêcher à leurs frères l'amour de la France. Mères, elles doivent apprendre à leurs fils à se sacrifier pour leur pays.

Nos causeries, par Mme J. Guiot
et Fr. Mane, *op. cit.*

Le voleur de pommes. Tout à coup, le propriétaire parut à la porte, un bâton à la main. Georges courut à toutes jambes vers la haie, et voulut sortir par où il était entré. Mais, ô malheur ! ses poches étaient tellement remplies que le trou de la haie fut trop étroit pour lui livrer passage ; il y resta pris comme dans un piège. Rouge de honte et immobile de frayeur, il fut contraint de restituer les pommes qu'il avait dérobées, et il dut recevoir quelques bons coups de bâton en punition de son larcin. (Schmid.)

L'Enseignement de la morale,
par René Doquet, *op. cit.*

Ce que vous avez appris dans les leçons de morale.

Tout ce que vous devez faire. Vous serez de bons fils, de bons frères, de bons écoliers, de bons camarades ; vous prendrez soin de votre corps, vous serez courageux, honnêtes, charitables ; vous aimerez les animaux et les plantes ; vous aimerez la France.

Tout ce qui est mal : tout ce que vous ne devez pas faire : ne pas être négligent, querelleur, dénonciateur, taquin, impoli, égoïste, menteur, coléreux, douillet, prodigue.

Vous devez chercher à vous perfectionner, à devenir meilleurs.

Vous avez des défauts : vous avez pu les reconnaître parmi ceux qu'on vient de citer.

Vous ferez un effort, chaque jour, pour vous en corriger.

(...) Il suffit de vouloir. Petit examen de conscience chaque soir et fermes résolutions de toujours mieux faire.

L'Enseignement de la morale,
par René Doquet, *op. cit.*

Sylvain ne jurait pas et n'employait jamais de gros mots ; il faut l'en féliciter.

Le langage le plus correct, émaillé de jurons, ne saurait plaire à personne. Avoir sans cesse à la bouche des expressions ordurières, c'est presque s'avilir ; c'est, dans tous les cas, donner gratuitement une mauvaise opinion de soi et faire souffrir les oreilles délicates.

Certains enfants, à la ville comme à la campagne, ont pourtant cette détestable habitude. Et, au lieu de s'en cacher comme d'un mal honteux, ils en font presque parade ; ils affichent des petits airs d'importance en prononçant des mots qui souillent leurs lèvres... Pauvres enfants ! S'ils savaient combien ils sont ridicules et combien ils se font mal juger !

On n'aime pas, on ne peut pas aimer véritablement un enfant mal embouché.

Sylvain. Livre de lecture courante,
cours moyen et supérieur,
par J.-B. Tartière, *op. cit.*

Ne riez jamais de ceux qui souffrent, souffrez quelquefois de ceux qui rient. (Victor Hugo.)

L'Enseignement de la morale, par René Doquet, *op. cit.*

Le hibou et la tourterelle.
Un hibou, parfait égoïste,
De tous les oiseaux était fui :
Tous prenaient un air froid et triste,
S'ils se rencontraient avec lui.
À la sensible tourterelle,
Sa surprise un jour il narra.
« C'est votre faute, lui dit-elle,
Aimez, et l'on vous aimera. » (De Fulvy.)

Grammaire française. Cours élémentaire.
Livre de l'élève, par J. Dussouchet.
Librairie Hachette et Cie, 1902.

Le mot de la fin,
enfin,
à un poète,
bien sûr. (Pour Bernard Werber !)

La revanche de la fourmi.

Le ciel obscurci, la bise venue,
La cigale ayant chanté tout l'été
Alla demander quelque charité
Chez une fourmi qu'elle avait connue.

— J'ai grand-faim, dit-elle, et me voilà nue !
La fourmi n'est pas ce qu'on a conté,
Et quoique vivant de paille menue,
Elle a dans le cœur beaucoup de bonté.

— Mangez, lui dit-elle, ouvrez mon armoire.
Je m'ennuie un peu sous la terre noire,
Dans ces trous obscurs où l'on vit sans feu.

Mangez et chantez, aimable personne,
Vos chants me feront revoir le ciel bleu
Et me rendront plus que je ne vous donne.

J. Autran (1813-1877).

L'Enseignement de la morale,
par René Doquet, *op. cit.*

Bibliographie

Livres scolaires et de pédagogie

Ami de l'École (un), *Alain Redon.* Lecture courante à l'usage des garçons, 1908.

Ami de l'École (un), *L'Enfance d'Alain Redon.* Lecture courante, 1906.

André, Désiré, *L'Arithmétique des écoles primaires.* Cours moyen, certificat d'études primaires. Librairie classique Eugène Belin, 1884.

Antoine, Alcide, et Marie, Juliette, *La Jeune Française.* 200 lectures alternées pour les jeunes filles. Cours moyen et supérieur. Librairie Larousse, sans date (avant 1914).

Aubriot, Ém., *Pour devenir un homme.* Lecture courante. Garnier Frères, 1908.

Augé Claude, *Grammaire.* Cours élémentaire. Librairie Larousse, vers 1900.

Augé, Claude, *Les Chants de l'enfance.* Librairie Larousse, vers 1900.

Augé, Claude, *Troisième Livre de grammaire.* Librairie Larousse, 1900.

Augé, L., *Morale professionnelle.* Librairie Delagrave, 1933.

Augé, L., *Pédagogie générale.* Librairie Delagrave, 1934.

Aulard A. et Debidour A., *Histoire de France.* Cours moyen et certificat d'études. Édouard Cornély et Cie, éditeurs.

Badinter, É. et Badinter, R., *Condorcet.* Fayard, 1988.

Bailly, Jules et Dodey, Constant, *L'École primaire en action.* Paul Dupont, 1894.

Baubérot, Jean, *La Morale laïque contre l'ordre moral,* Seuil, 1997.

Baubérot, Jean, *Le Protestantisme doit-il mourir ?* Seuil, 1988.

Baudrillard J. et M. Kuhn, *« Lisons ! »*, par J. Cours élémentaire, deuxième degré. Fernand Nathan, éditeur. Paris, 1930.

Blanc, H., *Vers le bonheur par l'école laïque.* Librairie Gedalge, 1908.

Boex, Justin (J.-H. Rosny Aîné), *La Leçon de la vie.* Livre de lecture courante pour les cours moyen et supérieur. Bibliothèque d'Éducation, vers 1915.

Boucley et Garinot, *Textes choisis d'explication française.* Garçons : classes de 4e et de 3e. Filles : 2e et 3e année. Librairie Armand Colin, 1923.

Bouillot, V., *Le Français par les textes.* Cours élémentaire (2e degré) et cours moyen (1er degré). Librairie Hachette et Cie, 1911.

Bouillot, V., *Le Français par les textes.* Lecture expliquée, cours moyen. Hachette.

Bouillot, V., *Morceaux choisis.* Classe de septième. Hachette et Cie, 1916.

Bourlet, Carlo, *Petit Cours d'arithmétique.* Classes préparatoires et élémentaires. Hachette et Cie. Paris, 1911.

Bovier-Lapierre G., *L'Arithmétique des écoles primaires.* Cours élémentaire. Librairie Ch. Delagrave. Paris, 1908.

Brémond et Moustier, *L'Éducation morale et civique à l'école.* Cours moyen et supérieur. Librairie Delalain, 1908-1929.

Bridoux, André, *Morale.* Cours de philosophie de G. Davy, Hachette, 1945.

Bruno, G., *Francinet.* Librairie classique Eugène Belin, 1877.

Bruno, G., *Le Tour de France par deux enfants.* Librairie classique Eugène Belin, éd. 1875 et 1909.

Chalamet, A., *Jean Felber. Histoire d'une famille alsacienne.* Alcide et Kaan, éditeurs. Paris, vers 1900.

Chalamet, R. El., *La Première Année d'économie domestique.* Morale, soins du ménage, jardinage, travaux manuels. Armand Colin, 1900.

Charrier, Ch., *Pédagogie vécue.* Fernand Nathan, 1936, p. 171.

Collin G., *Initiation à la vie morale, civique et économique.* Classes de 6e et de 5e. Librairie Delagrave, 1950.

Compayré, Gabriel, *Yvan Gall, le pupille de la marine.* Librairie classique Paul Delaplane, vers 1900.

Compayré, Gabriel, *Organisation pédagogique et législation des écoles primaires.* Librairie Paul Delaplane, 1908.

Comte, Charles, et Jeanvrot, Victor, *La Patrie française.* Livre de lectures courantes, cours moyen et supérieur. Charavay Frères éditeurs. Paris, 1885.

Comte, Félix, *Les Petits Chants des écoliers à une ou deux voix.* Éducation, Patriotisme, culture du goût. Librairie Armand Colin, 1908.

Couderc et Cuir, *Mémento pratique du C.E.P.* Librairie Armand Colin, 1914.

Cressot, Joseph, *L'Éducation morale à l'école primaire.* Librairie Istra, Paris, 1960.

Croisard et Dubois, *Cours de langue française.* Cours moyen et supérieur. Librairie Hatier, 1910.

Dereims, Alice, *Jeanne et Madeleine.* Livre de lecture pour les jeunes filles. Librairie Armand Colin, 1904.

Dès (Mme), *Jean et Lucie, Histoire de deux réfugiés.* Livre de lecture. Cours moyen - cours supérieur. Nathan, 1920.

Dumas, L., *Le Livre unique de français.* Cours élém. et moyen. Hachette, 1934.

Dumas, L., *Le Livre unique de français.* Cours moyen et supérieur. Hachette, 1928.

Dussouchet, J., *Grammaire française.* Cours élém. Librairie Hachette, 1902.

Dussouchet, J., *Cours primaire de grammaire française.* Cours supérieur et complémentaire. Librairie Hachette, vers 1910.

Dutilleul, J., et Ramé, A., *La Lecture hebdomadaire.* Cours moyen. Librairie classique de F.-E. André-Guédon, 1902.

Duval, Brémond et Moustier, *Le Français à l'école primaire.* Cours moyen et supérieur. E. André Fils, éditeur. Paris, 1910.

Foulon-Lefranc, Mme, et Laurent G., *L'École du bonheur.* Enseignement ménager total. Éd. Magnard, vers 1920.

Fraysse A., *Jacques le Poucet et Klapp la cigogne au pays de Françoise.* Livre de lecture courante, cours moyen, classe de fin d'études. Librairie Armand Colin, 1949.

Gabet et Gillard, *Vocabulaire et méthode d'orthographe.* Hachette, 1931.

Gauthier et Deschamps, *Cours d'histoire de France,* 2e degré du cours moyen et 1er degré du cours supérieur. Librairie Hachette et Cie.

Genevoix, Maurice, *Les Compagnons de l'aubépin.* Livre de lecture courante. Hachette, 1938.

Guéchot, M., *Par l'effort.* Lecture courante. Cours moyen. Hachette et Cie, 1909.

Guiot, J. et Mane, Fr., *Nos causeries.* Livre de lecture courante, cours moyen et supérieur des écoles primaires ; classes élémentaires et primaires des lycées et collèges de garçons et de jeunes filles. Librairie classique Paul Delaplane, 1907.

Guyau, M., *La Première Année de lecture courante.* Cours moyen. Librairie Armand Colin, 1908.

Halt, Robert Marie (Mme), *Suzette.* Livre de lecture courante à l'usage des jeunes filles. Librairie Paul Delaplane, vers 1900.

Halt, Robert Marie (Mme), *Le Droit Chemin.* Lecture courante pour les jeunes filles de cours supérieur et complémentaire. Librairie Paul Delaplane, vers 1900.

Halt, Robert Marie (Mme), *Le Ménage de Madame Sylvain.* Livre de lecture courante à l'usage des jeunes filles. Librairie Paul Delaplane, vers 1900.

Instituteurs (un groupe d'), *Le Livre unique pour l'enseignement du français.* Librairie Delaplane. Paris, 1900.

Josset, E., *À travers nos colonies.* Livre de lecture, cours moyen et supérieur. Librairie Armand Colin, 1905.

Jost et Cahen, *Lectures courantes extraites des écrivains français.* Hachette et Cie, 1913.

Jost, G., et Humbert, V., *Lectures pratiques.* Éducation et instruction, cours élémentaire et moyen. Librairie Hachette et Cie. Paris, 1904.

Laclef et Bergeron, *La Récitation aux cours préparatoire et élémentaire.* Delalain Frères, éditeurs. Paris, 1909.

Laloi, Pierre, *La Première Année d'instruction morale et civique.* Notions de droit et d'économie politique. Librairie classique Armand Colin et Cie, 1885.

Larive et Fleury, *Exercices français de deuxième année.* Armand Colin, 1883.

Launay, L., *Cours élémentaire d'arithmétique.* Classe de 6e. Delagrave.

Lavisse, Ernest, *Histoire de France.* Cours moyen. Librairie Armand Colin, 1931.

Lavisse, Ernest, *Histoire générale.* À l'usage des candidats au certificat d'études primaires. Librairie Armand Colin, 1884.

Lavisse, Ernest, *La Première Année d'histoire de France.* Certificat d'études primaires. Librairie Armand Colin, 1882.

Lavisse, Ernest, *Les Récits de Pierre Laloi.* Lecture courante, morale, morale civique. Librairie Armand Colin, 1925.

Lebettre, L., et Vernay, L., *Programmes et instructions commentés.* Armand Colin, 1964.

Lemoine, Alcide, et Briest, Th., *Cours rationnel de langue française.* Cours moyen. Préparation au certificat d'études. H. Paulin et Cie, édit. Paris, 1907.

Leterrier, L., et Bonnet, R., *Sur le droit chemin.* Lecture et morale. Librairie Delagrave, 1945.

Leterrier, L., *Programmes, instructions.* Hachette, 1956.

Leyssenne P., *La Deuxième Année d'arithmétique.* Librairie Armand Colin, 1904.

Leyssenne, P., *Nouveau Cours d'arithmétique.* Cours moyen. Armand Colin, 1918.

Lyonnet, A., et Besseige, P., *Lecture et langue française.* Librairie Istra, 1930.

Mabilleau, Léopold, *Cours de morale.* Librairie Hachette, 1883.

Maillet, André, *Le Livre du maître pour l'éducation et l'instruction civiques,* « Pour la Cité de demain ». Fernand Nathan, 1927.

Marchef-Girard Mlle, *Cours d'économie domestique.* A. Picard et Kaan, 1905.

Minet, A., et Patin, L., *Cours pratique d'arithmétique.* Cours moyen. Nathan, 1923.

Mironneau, A., *Choix de lectures.* Cours moyen. Librairie Armand Colin, 1910.

Payot, Jules, *La Morale à l'école.* Librairie Armand Colin, 1925 (11e édition).

Peigné, Léon, *La Récitation à l'école primaire.* Librairie Gedalge, vers 1900.

Pérochon, Ernest, *À l'ombre des ailes.* Roman scolaire, cours moyen. Librairie Delagrave, 1936.

Pérochon, Ernest, *Les Yeux clairs.* Livre de lecture courante pour le cours moyen. Librairie Delagrave, 1934.

Petit, Édouard, et Lamy, Georges, *Jean Lavenir.* Livre de lectures courantes, cours moyen et supérieur. Librairie Alcide Picard, 1906.

Primaire, E., *Manuel d'éducation morale, civique et sociale.* Cours moyen et supérieur. Bibliothèque d'éducation. Paris, 1911.

Rauber M., *Exercice de style et de composition.* Librairie Fernand Nathan, 1929.

Rousselet, O., *L'Arithmétique par les problèmes.* Librairie Delagrave, 1883.

Saint-Clair, Simone, et Noury, M., *Au fil de l'aventure.* Roman scolaire pour le cours du certificat d'études. Librairie classique Eugène Belin, 1939.

Savard, C., *Pages choisies de pédagogie contemporaine.* Delagrave, 1935.

Seguin K., *Jeannot et Jeannette.* Lecture courante, cours élémentaire Hachette, 1924.

Seguin K., *Line et Pierrot.* Premier livre de lecture courante. Hachette, 1924.

Seguin K., *Histoire de 3 enfants.* Lecture courante, cours moyen. Hachette, 1927.

Souché, A., *Morale, instruction civique, travail.* Classe de 4e. Nathan, 1948.

Souché, A., *Morale, instruction civique, travail.* Classe de 5e. Nathan, 1948.

Tartière J. B., *De tout un peu.* Lecture courante, cours moyen. Librairie Larousse, vers 1900.

Tartière, J. B., *Sylvain.* Livre de lecture courante, cours moyen et supérieur. Librairie Larousse, vers 1900.

Toutey, E., *Lectures primaires.* Cours moyen. Librairie Hachette, 1911.

Toutey, E., *Lectures primaires.* Cours moyen. Librairie Hachette et Cie, 1918.

Toutey, E., *Morceaux choisis des classiques français.* Cours supérieur et complémentaire. Librairie Hachette et Cie, 1913.

Vasseur, L., *Enfants du XXe siècle.* Hachette, 1935.

Romans, essais, documents

Blanc, H., *Vers le bonheur par l'école laïque.* Librairie Gedalge, 1906.

Borzeix, Daniel, *Martial Rieupeyroux, maître d'école.* L'Amitié par le Livre, 1988.

Chamson, André, *Le Chiffre de nos jours.* Gallimard, 1954. Bartillat, 1992.

Comte-Sponville, A., et Ferry, L., *La Sagesse des modernes.* Robert Laffont, 1998.

Coutel, Charles, *La République et l'École,* anthologie, Presses Pocket, 1991.

Delhome, Danielle, Gault, Nicole, Gonthier, Josiane, *Les Premières Institutrices laïques.* Mercure de France, 1980.

Flammant, T., *L'École émancipée.* Les Monédières, 19260 Treignac, 1982.

Frapié, Léon, *L'Institutrice de province.* Eugène Fasquelle, 1897.

Jeury, Michel, *Le Soir du vent fou.* Robert Laffont, 1991. J'ai Lu, 1993.

Joffrin, L., et Tesson, Ph., *Où est passée l'autorité ?* NiL éditions, 2000.

Lavergne, Antonin, *Jean Coste ou l'Instituteur de village.* Les Cahiers de la Quinzaine, Paris, 1901.

L'École nouvelle, revue, 1912-1913. Librairie Charles Delagrave.

Orieux, Jean, *Souvenirs de campagnes.* Flammarion, 1978.

Ozouf, Jacques, *Nous les maîtres d'école.* Julliard, 1967.

Pérochon, Ernest, *Le Chemin de plaine.* Réédition S.E.P.E., 1947.

Pérochon, Ernest, *L'Instituteur*. Hachette, 1927.

Prost, Antoine, *Histoire de l'enseignement en France*. Armand Colin, 1968.

Villin, Marc, et Lesage, Pierre, *La Galerie des maîtres d'école et des instituteurs*, 1820-1945. Bartillat, 1990.

Crédits des illustrations

Pages 32, 45, 72, 163 : *Nos causeries,* livre de lecture courante, par J. Guiot et Fr. Mane, Librairie classique Paul Delaplane.

Pages 37, 183 : *Résumé d'instruction morale et civique* suivi de *Règles de civilité,* par F. Lechantre, Librairie A. Dégez, 1902.

Pages 66, 106 : *Jeanne et Madeleine,* livre de lecture pour les jeunes filles, par Alice Dereims, Librairie Armand Colin, 1904.

Pages 76, 132, 181 : *Cours de morale,* par Léopold Mabilleau, Librairie Hachette et Cie, 1883.

Pages 80, 168 : *La Première Année de rédaction et d'élocution,* par I. Carré et L. Moy, Armand Colin et Cie, 1895.

Pages 90, 108, 110, 145, 194 : *L'Éducation morale et civique à l'école,* par E. Brémond et D. Moustier, Librairie Delalain.

Pages 91, 92, 93, 120, 142 : *Le Droit Chemin,* livre de lecture courante, par Marie Robert Halt, Librairie classique Paul Delaplane.

Pages 123, 124, 140 : *Alain Redon*, livre de lecture courante à l'usage des garçons, par un ami de l'école, Librairie classique Paul Delaplane.

Pages 130, 156, 166, 173 : *L'Enfance d'Alain Redon*, livre de lecture courante à l'usage des garçons, par un ami de l'école, Librairie classique Paul Delaplane.

Page 167 : *L'Enfance de Suzette*, livre de lecture courante à l'usage des jeunes filles, par Marie Robert Halt, Librairie classique Paul Delaplane.

Page 179 : *Histoire de France*, par A. Aymard, Librairie Hachette, 1931.

Nous remercions très vivement :
Antoine Caro, notre éditeur,
Dany Jeury, pour sa collaboration,
Et tous ceux qui nous ont aidés, par les informations, documents, livres qu'ils nous ont apportés, par leur attention, leur soutien, ou de toute autre façon :
Raymond Castans, Nicole Jeury, Christian Grenier, Alain Grousset, Claudine Lemaire, Thérèse Planche, Micheline et Maurice Raimond.
Et, naturellement, tous les auteurs cités en bibliographie, du moins ceux qui sont encore vivants.
Si nous oublions quelqu'un, la Raison nous pardonne !

Table

Impression réalisée sur Presse Offset par

BRODARD & TAUPIN

GROUPE CPI

17596 – La Flèche (Sarthe), le 20-08-2003
Dépôt légal : septembre 2003

POCKET – 12, avenue d'Italie - 75627 Paris cedex 13
Tél. : 01.44.16.05.00

Imprimé en France